EVANGELICE CON DRAMAS

LIBRO 3

E. A. MONTOYA

 NYC Harvest Publishers

Evangelice con Dramas
Libro 3

Copyright © 2014 por E.A. Montoya

Todos los derechos reservados.

Derechos internacionales reservados.

ISBN: 978-0-9889010-32

Las citas bíblicas de esta publicación han sido tomadas de la Reina-Valera 1960™ © Sociedades Bíblicas en América Latina, 1960. Derechos renovados 1988, Sociedades Bíblicas Unidas. Utilizado con permiso.

Ninguna parte de este libro puede ser reproducida en ninguna forma por medios mecánicos o electrónicos, incluyendo almacenaje de información y sistemas de reproducción sin permiso previo por escrito del autor.

Diseño de cubierta y formato: Iuliana Sagaidak (Montoya)
Editorial: NYC Harvest Publishers

CATEGORIA:

Religión / Ministerio Cristiano / Evangelismo

IMPRESO EN ESTADOS UNIDOS DE AMERICA
PRINTED IN THE UNITED STATES OF AMERICA

ÍNDICE

El Embajador de Paz 9
El Lienzo de Sangre 37
Tres Oficinas en Tiempos de Cristo 67
El Granjero Deforme 103

Nota Introductoria

Los dramas escritos en este libro son una colección compilada durante muchos años de intenso trabajo y dedicación a la tarea dramaturga. Ellos ahora se comparten a la Iglesia en el mundo hispano para su edificación y crecimiento; y tienen la intención de la evangelización en primer lugar, y la participación de los creyentes en segundo. La presentación de estas obras teatrales completas requiere preparación en varios aspectos, pero no requiere actores profesionales, aunque todo talento para la actuación, será, desde luego, bien apreciado. Es necesario, que cada una de estas obras se presente en un día especial en donde el drama ocupe toda la atracción. Otra recomendación importante es esmerarse en la preparación musical y efectos especiales de la obra.

Se permite la adaptación de estas obras, si fuese necesario, al entorno en que sean presentadas; tanto en los diálogos, los personajes y aún en la historia argumental misma, sin olvidar mencionar el nombre del autor y el nombre de quién realizó la adaptación.

Mi oración es que la gracia de Dios y la unción del Espíritu Santo, permitan que los objetivos de estos esfuerzos sean alcanzados para la gloria de nuestro amado Señor Jesucristo, a quien adoramos y servimos con todas nuestras fuerzas.

E.A. Montoya
Autor.

Descripción Breve

El Embajador de Paz: La historia colinda con la versión verídica de la muerte del primer ministro judío Isaac Rabin y cómo su guardaespaldas tuvo un encuentro personal con Jesucristo.
Este drama puede presentarse en navidad o cualquier otro evento evangelístico. (Duración aproximada 1 hora 30 minutos).

El Lienzo de Sangre: A raíz del asesinato en la cárcel de Juan el Bautista, su compañero de celda se fuga y se convierte así, en el prisionero más buscado de Judea. Luego, un soldado romano es comisionado por el rey Herodes para atraparlo vivo o muerto. (Duración aproximada 1 hora 30 minutos).

Tres Oficinas en Tiempos de Cristo: Tres funcionarios del gobierno romano tienen la oportunidad de tener un encuentro con el Salvador, pero sólo uno lo logra. Para los otros dos, el desenlace de su vida fue terrible. (Duración aproximada 1 hora 30 minutos).

El Granjero Deforme: Debido a una caída accidental el próximo heredero al sumo sacerdocio nace deforme y pierde así la máxima ilusión de todo levita. Luego, al pasar de los años, Dios le hace darse cuenta que su discapacidad era parte de su plan para salvar su vida y darle felicidad. (Duración aproximada 1 hora 30 minutos).

Agradecimientos

Mis más sinceros agradecimientos a todos los que de una forma u otra cooperaron en la realización y final publicación de esta obra. Algunos de los primeros dramas estuvieron perdidos y fueron recuperados —casi milagrosamente— debido a la diligencia de mis hermanas Miriam y Keren, quienes los preservaron. Ésta fue otra de las buenas obras en memoria de mi hermana Miriam, quien además fue una actriz inigualable. Es increíble la cantidad de penurias que tuvieron que enfrentarse antes de la publicación de esta serie de libros de obras de teatro; sin embargo, Dios quiso que finalmente salieran a la luz, luego de ver el mover poderoso del Señor en cada una de sus presentaciones. Mi esposa Iuliana tuvo que transcribir a un procesador de texto varios de los manuscritos originales que fueron rescatados. Ella invirtió, sin ser el español su lengua materna, literalmente cientos de horas en todos los pormenores en relación a la preparación del texto master, luego del formateo, diseño de los interiores y finalmente, de la portada.

Quiero agradecer a los cientos de actores que han sido parte de los proyectos de presentación de estas obras de teatro. Ellos han dado vida a los personajes y sus esfuerzos por favorecer la obra de Dios están escritos en los cielos. Pues para muchos de ellos, no se ha tratado tan sólo de una diversión, sino, como es realmente, un ministerio apreciado por el Salvador. Sólo en la eternidad sabremos lo que todos sus esfuerzos han significado.

E.A. Montoya
Autor.

El Embajador DE PAZ

PERSONAJES

Corsio Frédic, un evangelista de fama mundial.

Caruso Gerson, el guardaespaldas, (personaje principal).

Isaac Rabin, primer ministro de Israel asesinado en 1995.

Policía.

José, la esposa de María.

María, la madre del Señor.

Jesús.

Niño 1. Niño 2.

Niño 3. Niño 4.

Persona con pancarta 1.

Persona con pancarta 2.

Persona con pancarta 3.

Alguien del público 1.

Alguien del público 2.

Voz del capitán.

Descripción breve:

La historia se desarrolla en escenarios diferentes en el mundo. Narra la historia de un líder político judío propulsor de la paz en el medio oriente.

Escena I - Dos Pasajeros, Diferentes Destinos

Escenario: se escuchan los sonidos propios de un avión en despegue. En el escenario hay dos sillones en donde se encuentran sentados los dos personajes principales de esta historia: Del lado derecho un evangelista de fama mundial llamado Corsio Frédic y en lado Izquierdo un político judío llamado Isaac Rabin. En el inicio de la historia e inmediatamente después de escucharse el sonido de despegue, enfrente de los personajes y dando la espalda al público, una tripulante de la nave hace las recomendaciones propias en caso de emergencia; es precisamente después de estas indicaciones que los personajes empiezan a hablar cobrando así vida, veamos:

Evangelista: Creo que en los estados de emergencia muchas de las indicaciones que nos fueron dadas no sirven de nada. Mayormente en personas que rápidamente son presa del pánico.

Isaac: ¿No será usted una de ellas? Se alude usted mismo...

Evangelista: ¡Oh, no! ¡No lo creo! hay un poder más poderoso que yo que domina mi ser todo. Éste no permitía jamás que el terror me asaltara.

Isaac: Debe de tratarse de algún chip en su cerebro, porque a menos que sea un militar no creo que pueda mantener la calma.

Evangelista: Ahora es usted quien se alude a sí mismo. Creo adivinarlo, señor, ¡no me va a decir que es usted un militar!

Isaac: Pues me alegra viajar con alguien tan inteligente. Aunque más que inteligencia esto me ha parecido como algún don de adivinación: sí. Yo fui un militar.

Evangelista: ¡Entonces es cierto! ¡Qué increíble verdad! No había viajado antes con ningún militar en mi vida. Pero su acento no me parece centroamericano. ¿Seguro no es usted un ex- combatiente de las fuerzas de Ortega? *(Ríen ambos).*

Evangelista: Ni chileno, bajo el mando de Pinochet, tampoco es usted norteamericano. Sería demasiado anciano para haber estado en la guerra del golfo. ¿No sea que estuvo en la segunda guerra mundial? Su acento tampoco es ruso. ¡Ya sé! ¡Es usted británico y peleó al lado de los aliados en la segunda guerra! aunque tampoco tiene el tono del acento británico… ¿Alemán? …No, ¡no lo creo!

Isaac: *(en tono un poco molesto)* ¡Jamás sería un alemán!

Evangelista: Confirmo entonces que es usted británico.

Isaac: No, aunque participé con los británicos en la invasión de las regiones del Líbano y Siria, no soy británico.

En ese momento saca de por debajo de su traje una estrella de David colgada a su cuello.

Evangelista: ¡Oh, Dios mío! ¡Es usted judío! ¡Jamás lo creería! ¿Yo? ¿Viajar con un judío que participó en la segunda guerra mundial? Cuando fue el genocidio más grande de la historia, perdóneme que lo mencione.

Isaac: Eso fue muy doloroso para nuestro pueblo, pero tenía que suceder para facilitar las cosas al movimiento sionista.

Evangelista: Lo entiendo. Sí, era plan de Dios, en sus misteriosos caminos para agilizar las acciones políticas y abrir las puertas para la unificación del Estado de Israel. ¿No es así?

Isaac: Yahvé ha sido bondadoso con nosotros. Después de tan semejante abandono.

Una parte de nuestro Libro Sagrado dice: "Por un momento te abandoné, pero te recogeré con grandes misericordias". Eso es lo que Yahvé ha hecho con nosotros.

Evangelista: Pero aún no me ha dicho cuál era su papel como militar.

Isaac: Oh, Yo fui uno de los que comandé ejércitos en la guerra de Israel contra los árabes en 1967. Cuando las naciones circunvecinas se juntaron contra Israel con toda su furia. Nosotros fuimos ayudados por la mano de Dios y vencimos a nuestros enemigos en 6 días únicamente. Una de las guerras más cortas en la historia de toda la humanidad. Y para la guerra de *Yom Kippur* en 1974, ya era un funcionario de la recientemente unificada nación israelí...

Evangelista: No siga, que torpe he sido... es usted... ¡De verdad! ¡Qué distraído soy! Pero si le he visto por televisión, es usted una de las personas más famosas sobre la tierra. ¡Oh, el primer ministro de Israel! ¡Tremendo! ¡Qué honor! ¡Estoy viajando con el primer ministro Isaac Rabin! ¡Jamás lo hubiera soñado siquiera!

Isaac: Bueno, así, es. Yo soy esa persona de la que habla. En para mí un privilegio servir a mi país y ser protagonista de estos momentos históricos.

Evangelista: Lo sé. He escuchado que es usted un embajador de la paz.

Isaac: Si, tengo en mi corazón un deseo intenso por la paz. Porque eso será el comienzo de una era maravillosa en la que nuestro Mesías se manifieste con poder y gloria. ¡Oh, que hermoso será todo eso! Desde mi niñez he soñado con estrechar la mano del Mesías. Y estoy seguro de que no moriré hasta hacerlo.

Pero dígame, no ha dicho usted nada de sí mismo. ¿A qué se dedica?

Evangelista: Bueno, yo vengo no sólo de estrechar la mano, sino de abrazar al Mesías, lo abracé esta mañana.

Isaac: ¡Cómo! No bromee usted, le he preguntado a qué se dedica.

Evangelista: No bromeo, soy un cristiano.

En ese momento se acerca la Azafata.

Azafata: ¿Gusta usted algo de comer?

Evangelista: Para mí un café por favor.

Isaac: Para mí un jugo de naranja, señorita.

Cuando la Azafata está sirviendo en jugo de naranja lo derrama en el saco de Isaac.

Azafata: ¡Oh, qué he hecho! por favor, discúlpeme señor... *(Dice otras frases demostrando su pena por el suceso).*

Isaac: Pero, ¿qué es esto? Es mi traje favorito, haré que la despidan, esto es imperdonable, pero, ¡En qué clase de aerolínea estoy viajando!

Azafata: ¡Pero discúlpeme por favor!

Isaac: ¡No me toque, que me va arruinar más mi traje!... *(con voz más tranquilizada).* Señorita, por favor, estoy bromeando, claro que eso no tiene importancia. Créame que estoy acostumbrado a perdonar.

Evangelista: ¿A perdonar? ¿A quién ha perdonado?

Isaac: He perdonado a los alemanes que mataron a mis padres y abuelos. He perdonado a los árabes y palestinos. Yahvé me ha dado un espíritu así.

Evangelista: Esto no es otra cosa que el legítimo Espíritu de Dios, Jehová Shalom. Dios es paz. Usted está haciendo la paz entre los hombres, pero hubo alguien que la hizo entre Dios y el hombre.

Isaac: ¿Si?

En ese momento el evangelista se levanta de su asiento y lo demás que dice lo dice de pie moviéndose por el escenario, hablando para el auditorio y apuntando de cuando en cuando Isaac. Todo esto lo hace con mucho fervor.

Evangelista: Ese hombre se llama Jesucristo, el hijo de Dios. Dice la Biblia: "Justificados pues por la fe, tenemos paz para con Dios por medio de nuestro Señor Jesucristo".

Isaac: Yo sé de quién está hablando, señor...

Evangelista: Me llamo Corsio Frédic.

Isaac: Mucho gusto, Sr. Corsio. Supongo que es usted un evangelista cristiano.

Evangelista: Lo soy. Soy embajador de la paz de Dios por medio de Cristo Jesús; quien ha derribado la pared del pecado que nos impedía ver a Dios.

Soy un embajador de aquel que ha establecido el puente de enlace. Por lo que la Biblia dice: "Por tanto, Jesús es hecho fiador de un mejor pacto... (y) por cuanto permanece para siempre, tiene un sacerdocio inmutable; por lo cual puede también salvar perpetuamente a los que por él se acercan a Dios, viviendo siempre para interceder por ellos".

Isaac: Quisiera que esto fuera así. Qué bueno sería tener alguien en el cielo de Dios que nos acerque al Él. Nosotros hemos tenido grandes profetas. Isaías, Jeremías, Ezequiel, Moisés, David, Daniel... pero fuimos rebeldes a su voz y les matamos, no escuchamos la voz del Señor a través de su mensaje.

Evangelista: Por eso Dios, habiendo hablado muchas veces y de muchas maneras en otro tiempo a los padres por los profetas, en estos postreros días nos ha hablado por el Hijo, a quien constituyó heredero de todo, y por quien asimismo hizo el universo. El cual, siendo el resplandor de su gloria, y la imagen misma de su substancia, y quien sustenta todas las cosas con la palabra de su poder, habiendo efectuado la purificación de nuestros pecados por medio de sí mismo, se sentó a la diestra de la majestad en las alturas...

Isaac: Es bonito todo eso. Pero usted bien sabe que yo no creo que Jesús sea el Hijo de Dios. Las Escrituras dicen: Oye, Israel: Elohim es nuestro Dios, Elohim uno es *(con convicción).*

Evangelista: En una ocasión, Sr. Isaac, escuché de una niña holandesa que le preguntó a su madre: Mamá, ¿dónde está Dios? Y ella le contestó: Hija, ¿me preguntas donde está Dios? Dios está en todas partes. A lo que la niña le contestó, bajando la cabeza... "Oh, yo quería que Dios estuviera en algún lugar". Y es que nosotros queremos que Dios esté en algún lugar para acudir a él. Es así como es Jesucristo. Es la imagen de Dios. Él es la imagen del Dios invisible, el primogénito de toda creación, porque en él fueron creadas todas las cosas, las que hay en los cielos, las que hay en la tierra, visibles e invisibles... todo fue creado por medio de él y para él. En Él habita corporalmente la plenitud de la deidad. Por lo que nosotros podemos acudir a Él. Porque no tenemos un sumo sacerdote que no pueda compadecerse de nuestras debilidades, sino uno que fue tentado en todo según nuestra semejanza, pero sin pecado. Acerquémonos, pues, confiadamente al trono de la gracia, para alcanzar misericordia y hallar gracia para el oportuno socorro.

Isaac: Quisiera creer en ese Jesús de quien usted me habla, pero no puedo. Jamás había escuchado hablar a alguien así de Jesús.

Evangelista: Lo sé. Usted no puede creer que Jesús sea el Mesías que había de venir. Pero sabe que su alma está necesitada de Dios. Aunque Dios está ahí en el cielo, Él ha establecido un nuevo pacto según la promesa que hizo desde los tiempos de Jeremías: "Porque este es el pacto que haré con ellos después de aquellos días dice el Señor: Pondré mis leyes en sus corazones, y en sus mentes las escribiré, y añade: Y nunca más me acordaré de sus pecados y transgresiones".

Isaac: Pero nosotros somos el pueblo elegido de Dios, Él no permitirá que nuestro pecado nos alcance.

Evangelista: Pero ¿qué dice el profeta Ezequiel? El alma que pecare esa morirá. ¿Qué tal si seguir su religión no borre de usted su pecado y no tenga parte con los escogidos de Dios? Porque Isaías dice del Mesías: "Más él herido fue por nuestras rebeliones, molido por nuestros pecados; el castigo de nuestra paz fue sobre él, y por su llaga fuimos nosotros curados. Todos nosotros nos descarriamos como ovejas, cada cual se fue por su camino, más Jehová cargó en él el pecado de todos nosotros".

Que tal si en realidad es Jesús el Salvador del mundo. ¿Qué tal si es Jesús el Mesías prometido que habría de cargar sobre sí mismo los pecados de todos nosotros? ¿Qué tal si ese Jesús que hace dos mil años dijo: "Yo soy el camino, la verdad y la vida y nadie va al Padre sino es por medio de mí," en realidad estaba diciendo la verdad? ¿Dónde estaría su alma si está tratando de llegar a Él por otros caminos distintos, habiendo Él mismo dicho que Él es el camino?

¿Está seguro de que su alma estará libre de culpa en la presencia de Dios? Pues aún David dice del Señor: "¿Quién subirá al monte de Jehová? ¿Y quién estará en su lugar santo? El limpio de manos y puro de corazón; el que no ha elevado su alma a cosas vanas ni jurado con engaño." ¿Esto se identifica con alguno de nosotros en la tierra?

Isaac: Sí, creo que sí *(bajando un poco la cabeza).*

Evangelista: Es que las Escrituras dicen que no hay justo, no hay ni siquiera uno que haga el bien. Porque el alma es perversa y el corazón del hombre es engañoso. David dijo: "En pecado he sido formado y en pecado me concibió mi madre". Todos somos pecadores, Señor Isaac. Y nada puede quitar nuestro pecado. Las Escrituras dicen también: "Aunque te laves con lejía, y amontones jabón sobre ti, la mancha de tu pecado permanecerá aún delante de mí, dijo Jehová el Señor"

Isaac: ¿Pero que puede entonces quitar mi pecado?

Evangelista: Lo único que puede quitar nuestro pecado es la sangre de Cristo, el cual, mediante el Espíritu eterno se ofreció así mismo sin mancha a Dios, (Él) limpiará nuestras conciencias de obras muertas para que sirváis al Dios vivo.

Isaac: Mi alma necesita salvación, Señor Corsio. Cada vez que miro mi rostro en el espejo. Digo: "Isaac, cada vez eres más viejo y cada vez más cerca del encuentro con la muerte". Siento miedo. No estoy preparado para morir. Mi religión no me ha preparado para morir. Sé que hay una eternidad esperándome y no estoy preparado para un encuentro con el Ser supremo del universo.

Evangelista: Tiene razón. "Porque está establecido para los hombres que mueran una vez y después de esto el juicio". Usted en realidad no está preparado para morir porque es necesario hacer a Jesucristo el Señor de su vida para eso. *(Se sienta en su sillón de nuevo).*

Voz del Capitán del Avión: Señores pasajeros, les habla el Piloto Gabriel Rueda del vuelo 2233 de Lufthansa. Usted está viajando en un Boeing 727 volando a una altitud de 3000 pies sobre el nivel del mar. Le informo que los vientos nos fueron favorables y ahora estamos justo a 5 minutos de aterrizar en la Ciudad de Tel Aviv, capital del Estado de Israel. Gracias por viajar con nosotros y espero que haya tenido un excelente viaje.

Isaac: Ha sido en realidad un gran placer conocerle. Créame que sus palabras... no sé cómo en realidad... pero han producido algo muy extraño en mi interior... deseo continuar esta conversación en el futuro. Quiero invitarle a la ceremonia que tendré con el presidente de los Estados Unidos de América y con el representante de las Organización para la Liberación de Palestina. Me dará mucho gusto verle a usted y su familia entre la comitiva. Haré con oportunidad que mi secretario envíe las invitaciones.

Ambos se ponen de pie y llega la azafata.

Azafata: He escuchado todo lo que decía al primer ministro, sabe, yo deseo tener paz con Dios.

El evangelista dirige a la señorita azafata en una oración para recibir al Señor Jesucristo en su corazón. Luego de esto se cierra el telón.

Escena II - El Discurso

<u>*El escenario*</u> *está dividido en dos partes, de un lado está lo que pasa afuera y del otro lo que sucede adentro. En el escenario primero se mueve lo que pasa afuera y luego se mueve lo que sucede adentro. Cuando se mueve lo que pasa afuera, lo que pasa adentro se queda congelado y viceversa.*

Afuera:

Hombres y mujeres con pancartas. Unas pancartas dicen: "Fuera Isaac", otras dicen "Viva Isaac". Ellos ingresan al escenario y gritan cada uno lo que sus pancartas dicen, luego se hacen de palabras y se empiezan a pelear. Viene la policía antimotines y les separa.

Luego aparece uno que dice: "Camisetas de la cumbre, llaveros de la cumbre".

Luego otro que dice: "Tómese una foto con Isaac, tamaño natural". Se trata de una caricatura de Isaac con el líder árabe. Después de esto los personajes se congelan y dan lugar a la otra parte del escenario.

Adentro:

Isaac: Señores y señoras. Algo importante nos une esta mañana. Se trata de la paz. Nuestros pueblos están tan necesitados de ella. Tanto que hemos invertido nuestras vidas para lograrla. Y no sólo nuestras vidas sino la vida de nuestros hijos, pues ellos están sufriendo también el costo de la paz. He escuchado de gente que ha logrado la paz por medio de la guerra. Pero hoy nosotros queremos la paz por medio de la razón y las resoluciones.

Hace unos días, conversaba con alguien en un vuelo a Tel Aviv. Me hablaba de un Hombre que conquistó la paz para el mundo. Yo no conozco a ese hombre y tampoco creo en Él en la manera en que otros, pero admiro su entrega a su misión de paz. He sido contratado para dar un bello discurso esta mañana.

Mi niño me decía cuando almorzábamos, ¿por qué no te pones el traje que te gusta papi? Y yo le contesté, porque está en la tintorería hijo, una persona derramó jugo sobre mi solapa. Entonces comprendí que así como esa persona no tuvo intención de hacerme daño, mi hijo tampoco nació con la intención de dañar a nadie.

No sería yo quien le diera un arma y le enseñara a estar enojado con alguien que en el pasado derramó un jugo sobre mi solapa y que muy probablemente nunca tuvo intención de hacerlo.

La gente le aplaude, los que están en el otro lado del escenario se descongelan y también le aplauden; los que tienen pancartas contrarias, dice buuuu. En ese momento aparece un hombre con una metralleta y dice: "Te voy a matar Isaac". En el momento, los policías de la otra parte se descongelan y van a donde está este sujeto. Lo capturan se lo llevan a la otra parte del escenario y ahí se congela todos de nuevo. El público en el lado de Isaac da voces de asombro y de miedo.

Isaac: ¡UHF! ¡Qué susto! ¡Por poco quedaba en manos de uno de mis admiradores! Pero vamos, no tengamos esas caras de susto y vamos a romper el protocolo en esta ocasión. Díganme, ¿Qué es la paz?

Alguien del público 1: La paz es ausencia de guerra.

Alguien del Público 2: La paz es la amistad entre enemigos, es el establecimiento de lazos que les unan para siempre.

Alguien del público 3: La paz es la concepción de la razón en armonía con los principios humanos universales.

Isaac: Tenemos entre nosotros a esa persona que conocí en el aeropuerto. ¿Nos puede dar su definición de paz señor Corsio Frédic?

Evangelista: Paz es la que Cristo da. El fruto del Espíritu cuando una persona se amista con Dios. Cuando es hecha justa ante Él por medio de Jesús. La Biblia dice: "Justificados pues por la fe tenemos paz para con Dios, por medio de nuestro Señor Jesucristo".

El hombre lucha contra Dios, pero es en vano; le hace una guerra que jamás ganaría. Hubo un hombre en el pasado que perseguía a los primeros cristianos. Éste iba de camino a una ciudad a fin de obtener permiso para oprimir más a los cristianos de su tiempo. Cuando él cruzaba por este camino un rayo del cielo le derribó de su cabalgadura y escuchó una voz que le dijo: "Saulo ¿por qué me persigues?" Y él contestó: "¿Quién eres Señor?". Entonces la voz del cielo le dijo: Yo Soy Jesús, a quien tú persigues, no es bueno darte tú mismo contra el aguijón. Y Saulo contestó: "Señor, ¿Qué quieres que yo haga?" y el Señor le dijo: "Entra en la ciudad y se te dirá lo que tienes que hacer."

Cuando el predicador está narrando lo acontecido la personas que están afuera están dramatizándolo cuanto el predicador dice. Por lo que en el instante que el predicador dice: "...un rayo de luz..." un rayo de luz aparece directamente hacia los que están "afuera". Cuando el predicador dice y él dijo: ¿Quién eres Señor? ellos dicen en coro: "¿quién eres Señor?"...y cuando el predicador dice: ¿Qué quieres que yo haga? Ellos dicen: "¿Señor que quieres que nosotros hagamos?" Y cuando el predicador dice: "...y el Señor le dijo: Entra en la ciudad y se te dirá lo que tienes que hacer", ellos entran como un ejército en orden al lado donde están todos los demás e inician como una especie de poesía coral:

Policía 1: Hemos venido de tierras lejanas. De las tierras del pecado y la injusticia.

Todos: Reconocemos nuestro pecado.

Persona con pancarta 1: Hemos servido a la carne. Hemos sido esclavos de los deseos de nuestra carne y nuestros pensamientos *(haciendo los ademanes y actuando bien).*

Todos: Y somos por naturaleza hijos de ira, lo mismo que los demás.

Persona con pancarta 2: Venimos de un mundo gobernado por el príncipe de la potestad del aire.

Todos: El que opera en los hijos de desobediencia.

Policía 2: Y somos pecadores desechados de la presencia de Dios.

Todos: Pero imploramos misericordia.

Persona con pancarta 3: Porque hemos escuchado del amor de Dios para todo el mundo. Que fue tan grande que envió a su propio Hijo para salvarnos.

Todos: Señor evangelista, ¿qué debemos hacer? señor Isaac, ¿hay alguna respuesta para nuestra pobre y abatida alma?

Policía 1: ¿Existe alguien en todo este mundo que pudiere darnos la respuesta?

Policía 2: ¡Porque en el camino hemos sido derribados por Jesús!

Todos: ¿Qué haremos para heredar la vida eterna?

En ese momento se levantan los que estaban "adentro" y contestan a coro: "Cree en el Señor Jesucristo y serás salvo. Confiesa que Él resucitó de los muertos y hazle el gobernante de tu corazón".

Todos: *(tanto los que estaban afuera como lo que estaban adentro)* "JESUS es nuestro SEÑOR, JESUS es nuestro SEÑOR".

<u>*Nota:*</u> *Cada vez que alguien dice algo sólo, éste sale y se dirige al público y se mueve con mucho dinamismo y expresión.*

Escena III - Un Hombre de Paz es Muerto

Escenario: el evangelista se encuentra en casa meditando las Escrituras, habla mientras lee y ora.

Evangelista: "Señor, tus nos ha sido refugio de generación en generación. Desde antes que naciesen los montes, y formases la tierra y el mundo, desde el siglo y hasta el siglo tu eres Dios".

La profundidad de lo que se lee es tanto como la de mi ignorancia. ¿Podré conjurar algo de sabiduría? Se entrona el Señor con su séquito de ángeles y a sus pies les explica la eternidad. ¿Entenderán ellos? No lo sé...

Tocan a la puerta.

Evangelista: ¿Qué hora es? Es tarde ya, ¿quién podrá ser? Debo descansar ya. Dejaré que insista un poco más.

Continúan llamando a la puerta.

Evangelista: Esta bien, iré. *(Grita:)* ¡Voy! *(Abre la puerta).*

Caruso: Disculpe que le moleste a esta hora. Es muy posible que no me recuerde.

Evangelista: Cierto, no te recuerdo. ¿Quién eres, amigo?

Caruso: Soy el guardaespaldas de Isaac Rabin, el Primer Ministro de Israel. Mi nombre es Caruso Gerson.

Evangelista: ¡Oh! Si, Isaac se ha convertido en un buen amigo. ¿En qué puedo ayudarte mi amigo Caruso?

Caruso: En realidad estoy muy confundido. Mi vida es caos total. No sé qué hacer. No creo que exista esperanza para mí. Más bien quisiera la muerte. Fue el mismo día que le escuché, que tenía todo listo para quitarme la vida y así arrancarme por mi propia mano de este mundo. Pero escuché sus palabras en el auditorio aquel día del discurso del Primer Ministro. Usted hablaba de una manera que jamás escuché antes.

Le escuché decir algo sobre la paz con Dios. Yo no creo en Cristo como el Mesías porque he sido criado en la religión judía. Pero existe algo dentro de mí que me impulsa a buscar a ese Embajador de Paz que tanto menciona. Porque en mi vida no hay satisfacción alguna. No hay paz. Está únicamente rodeada de conflictos y derroches. Estoy al borde de la desesperación. *(Todo esto lo dice realmente con desesperación).* ¡Necesito que me ayude señor predicador!

Evangelista: Hijo, ven, te diré algo *(le acerca a la mesa y le hace sentar en una silla).* La razón de la paz; de la verdadera paz, tiene su comienzo en la guerra. Jesús vino a este mundo para hacer la guerra a quien tenía las llaves de la muerte, esto es al diablo. Y al vencerle obtiene para nosotros su vida. Pero no una vida terrenal. Sino una vida eterna. Déjame mostrarte lo que sucedió con Cristo.

En ese momento salen de la plataforma y hablan abajo, mientras se desenrolla un telón para dar paso a una escena en los tiempos bíblicos.

Evangelista: Hace dos mil años. A Dios le place cumplir la profecía de Isaías: "he aquí la virgen concebirá". Eran tiempos de incredulidad y religiosidad vana. En tiempos de ignorancia espiritual como ahora, de oscuridad, tiempos de hambre de libertad. Pero ese tiempo, era el tiempo de Dios.

José: ¡María! Ven, déjame contarte, he tenido un sueño ayer. Soñé que un ángel de Señor se aparecía a mí como cuando te desposé. ¿Recuerdas aquel que te conté ya?

María: Sí, lo sé. Esa experiencia está tan fresca en mi mente como en la tuya. La siento tanto como si fuese yo misma quien la hubiese tenido; no en vano dice el Señor que nos ha hecho una sola carne.

José: Pues he tenido otro sueño. Pero dime, ¿dónde le has puesto, ya comió?

María: Sí, nuestro nene está en su cunita, está dormidito.

José: ¡No tarda en despertar! ¡Cómo come este niño! María, he tenido un nuevo sueño. El Señor quiere que vayamos a Egipto.

María: ¿Egipto? Y ¿Qué vamos a hacer allá?

José: No me preguntes a mí.

María: Eso significará un cambio radical de vida.

José: Lo sé. Sé que no siempre las órdenes del Señor son agradables para nosotros. Recuerdas cuando nos conocimos. Estaba tan ilusionado contigo. Con tu encanto y belleza creí haber encontrado la mujer de todos mis sueños. Pero que terrible escuchar que estabas embarazada. Por un momento dudé. Pero el Señor fue misericordioso y me hizo entender lo maravilloso de aquel hecho.

María: Si, y la orden de Dios no fue nada agradable. Realmente todo esto ha sido anormal e incómodo para una pareja como nosotros. Pero cumplir la voluntad de Dios produce gran paz. Y es el Embajador de Paz que Dios hizo que germinara en mi vientre. Esa creatura tan hombre como cualquiera y tan Dios como Adonai. Increíble misterio ¡El Salvador del mundo estuvo por nueve meses en mi vientre!

José: Ahora el Rey supremo nos dice que El Rey de Reyes y sus padres terrenales abandonemos Israel y nos volvamos a Egipto. Extranjeros somos en el mundo pero Egipto es un extremo de horror. Criaremos ahí a Jesús. ¿Crecerá en ese ambiente tan lleno de fragmentos de espanto diseminados en un caldo de barbarie?

María: No será así, José. Dios nos dirá luego lo que debemos hacer... Preparemos todo.

María y José se levantan de su silla y se apresuran para hacer las maniobras propias de quien se prepara para un largo viaje; el telón se cierra y nuestros personajes principales, que ya estuvieron sentados en dos sillas preparadas especialmente, se levantan de sobre ellas y hablan con el telón cerrado.

Evangelista: María y José, hombres privilegiados, porque en su manos estuvo el cuidado de ese precioso Ser que sería nuestro Redentor.

Caruso: Tan natural como cualquiera, pero tan milagroso como lo divino. ¡Qué perplejidad! Si pudiere creer que Dios ha estado limitado al espacio, podría creen en el Hijo de Dios. Que le tuvieron que llevar y alimentar. Que tuvo que dormir y hacer exactamente lo de todos los demás...

Evangelista: Para salvarle de Herodes Dios les guía a Egipto. Ellos lo entendieron luego y dieron gracias a Dios. Si Él no se hubiese limitado a un cuerpo humano y no hubiese sido sometido a las mismas necesidades y tentaciones que todos sufrimos, las Escrituras no pudiesen decir que Él comprende y se compadece de nosotros en todas nuestras debilidades, ya que fue tentado en todo según nuestra semejanza, pero sin pecado.

Caruso: Pero ¿qué es lo que sucedió con ese niño?

Evangelista: Creció en la gracia y poder del Señor. Su ministerio es inaugurado con ayuno y violencia en el Espíritu. Oración profunda y gran debilidad física llevada hasta el clímax de la resistencia humana. He hizo bienes por la tierra de su pasión - Israel. Pero aborrecido por muchos e ignorado por otros, sólo algunos le reconocían.

Caruso: ¿Pero cómo entonces no le proclamaron Rey?

Se abre el telón, aparecen niños con palmas cantando: hosanna, hosanna, hosanna al Hijo de David.

Niño 1: Hace 3 años Jesús oró por mí y me bendijo.

Niño 2: Mi mamá es una de las que lo siguen.

Niño 3: Yo fui sanado de mi lengua y oídos porque antes era tartamudo.

Niño 4: Yo fui resucitada por Jesús. Soy la hija de Jairo.

Niño 1: Cuando Jesús me tocó sentí un fuego maravilloso en mi interior que llenó mi corazón para siempre.

Niño 2: Cuando mi mamá creyó en Jesús dejó de maldecirme y por primera vez me abrazó y me acarició.

Niño 3: La primera palabra que yo escuché fue Jesús. Y la primera palabra que yo dije fue ¡Aleluya al Rey de Reyes!

Niña 4: Yo caminaba por una senda oscura que me conducía al abismo. Iba camino al infierno. Pero una voz majestuosa e imponente desde la boca del túnel viajó por el viento y escuché: "Talita cumi, levántate".

Niño 3: Escucho la voz del Espíritu Santo que me ha dicho que seré un predicador del Evangelio.

Evangelista: Y en verdad se convirtió en un predicador del evangelio y ganó cientos de almas para el reino de Dios.

Niño 1: Yo, tocaré a la gente con su amor todos los días de mi vida, seré misionero.

Evangelista: Y se convirtió en misionero y fue uno de los ayudantes de Pablo en su ministerio mundial.

Niño 2: Yo le seguiré como le ha seguido mi madre y le serviré como el Señor de mi vida.

Evangelista: Pues este fue un gran hombre de servicio en la iglesia primitiva, ayudando en las labores de alimentación y abrigo de los desamparados.

Niño 4: Yo moriré por Cristo.

Evangelista: Ciertamente murió, porque viajando a Roma, luego fue perseguida y capturada por Nerón. Quien le condenó a morir devorada por leones en el Coliseo Romano.

Se cierra el telón, nuestros personajes principales continúan hablando:

Caruso: Pero cómo tanta lealtad a uno que dijo ser Rey de los Judíos.

Evangelista: Porque realmente lo era. Todos los apóstoles excepto Juan padecieron martirio, porque era Jesús realmente el Rey de Paz, el Mesías que ellos esperaban y que supieron reconocer.

Caruso: Pero Jesús entonces entra a la Ciudad de Jerusalén y es alabado por una gran comitiva, que dice, "Hosanna al Hijo de David". ¿Pero qué sucede después?

Se abre el telón y aparece una cruz con el letrero de "Rey de los Judíos" y ambos suben al telón.

Caruso: ¿Qué significa esa Cruz?

Evangelista: El Embajador de Paz fue muerto.

Caruso: ¿Cómo? Pero ¿Cómo es posible que aquel que quería la paz allá sido muerto? ¡No entiendo! ¡Ese hombre era un justo! ¡Ese hombre era inocente! ¡Qué mal hizo Él! ¡Qué mal hizo ese hombre para merecer la muerte! ¡Qué injusticia! ¡Qué injusticia!

Escena IV - Previo al Túnel de los Testimonios

Escenario: Caruso está en su habitación. Está recostado en su cama, meditando en voz alta sobre aquel encuentro con el predicador.

Caruso: Si de algo me sirviera el dinero que he ganado... *(Moviendo la cabeza dice:)* ¡No! Si de algo me sirviera el puesto de gran importancia que ostento... *(Moviendo la cabeza dice:)* ¡No! Si de algo me sirviera el gran proyecto de vida que he tenido y el éxito que para el mundo tengo. Pero nada de eso me sirve para alcanzar paz. Aún me es difícil creer en que un hombre haya podido pagar tan alto precio, existe algo en mí que me dice que esto va más allá de lo humano. La gran historia de ese hombre penetra agudamente en mi mente y aún mi corazón tiembla cuando pienso en ese Jesús. Pero dormiré y quizá mañana tenga claridad y lucidez en mis pensamientos. *(Empieza a hacer los sonidos propios de quien está durmiéndose).*

Escena V - El Túnel de los Testimonios

<u>Escenario:</u> en el fondo se ve como si Caruso emerge de un gran túnel cuya boca queda a sus espaldas.

Caruso: ¿Dónde estoy?

Entra a escena uno vestido de policía.

Policía: Estas es el túnel de los testimonios.

Caruso: ¿El túnel de los testimonios?

Policía: Lo estás. Y voy a contarte mi historia. En una ocasión escuché un ruido de disparo. Me turbó. ¡Era en el preciso instante en que yo pasaba por ese vecindario! Fue de inmediato que yo me dirigía a la casa de dónde provino el disparo y me encontré con la personificación del horror: Un hombre ensangrentado con un arma en su mano. Se trataba de un suicida. Yo no permitiría que muriera ese muchacho. ¡No! Llamé de inmediato a la central, la ambulancia tendría que llegar de inmediato y mientras tanto yo tenía que hacer todo cuanto estuviera de mi parte para que no muriera. Lo hice. ¡Pero la hemorragia era tan fuerte! La ambulancia llegó.

Lo subimos a la camilla y en dos segundos estábamos él y yo en la parte posterior de esa moderna ambulancia. El motor giraba a toda prisa. Y yo rogaba a Dios que no muriera. El trayecto fue corto, pero para ambos tan largo como la eternidad. Llegamos, el joven ahora no deseaba morir, se aferraba a la vida. Llegamos al hospital, unas personas fuertes esperaban con ansia, le bajaron con habilidad sorprendente y los ruedillas de la camilla dejaban su rastro por los pisos impecables. El quirófano estaba a unos metros. Yo veía el rostro del chico, estaba agonizante. Los médicos nos hicieron quedar afuera, estaban angustiados. La vida le sostenía un aliento. Se suspendía en el telar de una araña. Dos horas esperé en terrible angustia y salido el doctor no dice una sola palabra. Pero yo no sabía qué hacer ni decir, sólo que deseaba saber el estado del chico. "Ha muerto" me dijo. No pudimos salvarle la vida.

Fue entonces que lloré. ¡Qué es esto! ¿No hay quien pueda salvar la vida en esta ciudad? ¿Por qué tienen que morir tantos y cada vez más jóvenes?

Caruso, ¡yo no pude salvarle la vida! No pude hacer nada, ¿Lo oyes? ¿Por qué seré tan inútil?

Pero luego pensé, quizá Caruso me dirá que es lo que hice mal. *(Dirigiendo toda la mirada a Caruso)*. ¿Caruso, que hice mal? ¡Dímelo tú! ¡Invoco tu veracidad y sabiduría!

Caruso: No lo sé. ¿Cómo quieres que lo sepa? Pero si ni siguiera estuve ahí. No sé nada de tu caso.

Policía: ¡Pero ha muerto, ha muerto Caruso, y yo no pude hacer nada! ¡No pude hacer nada! ¡Ese muchacho no debería haber muerto y yo fui el culpable!

Caruso: ¡No creo que tú hayas sido el culpable! Tú trataste de hacer el bien.

Policía: Pero no fue suficiente, aunque fui bueno, yo no pude hacer nada para salvar su vida *(llora)*. Es mi culpa, es mi culpa.

Caruso: ¡Estás loco! ¡No es tu culpa! ¡Tú no le mataste! Él se mató solo.

Policía: Sí, pero yo debía morir en su lugar.

Caruso: ¿Cómo? Estás completamente loco. Tú no debes morir en el lugar de ese muchacho atolondrado que seguramente era un drogadicto y alcohólico.

Policía: *(sale gritando:)* ¡Yo debí morir en su lugar! ¡Yo debí morir en su lugar!

Entra una enfermera.

Enfermera: Caruso, tu no me conoces, pero yo si a ti muy bien. Tú eres de esos hombres que todo lo saben y que no tienen gobernante, sino su propio pensamiento. Por eso he venido a ti con una pregunta... sabes, he viajado desde muy lejos para tu consejo. Y creo que me iré de aquí con él.

Caruso: No comprendo bien lo que me dices. ¿De dónde dices conocerme? y ¿por qué dices que yo puedo resolver alguna de tus dudas? Creo que estás equivocada.

Enfermera: No lo estoy. Y ya verás cómo puedes responderme con sabiduría.

Caruso: Lo que puedo hacer –y eso con lujo de generosidad– es escúchate buena mujer, que por tu apariencia creo que mereces más de un encomio.

Enfermera: Bien, te lo diré. Hace un año fui enviada por mi país para hacer ayuda comunitaria en Uganda, África. Se cuenta de esos lugares que la gente es hechizada y que merodean miles de espíritu que poseen a quien ellos quieren. Un día uno de los habitantes de la aldea en donde entonces me encontraba trajo a mí una piedra muy brillante que no estuve segura qué clase de mineral sería. Y me dijo. "Por medio de esto yo veo que fulanito de tal ha caído enfermo de Paludismo. Pero su paludismo no puede ser de ningún modo curado porque está fuera del alcance de toda la ciencia."

Entonces yo reí en mis adentros porque dije: "Está bien que yo no soy tan sabia como para hacer un trasplante de corazón, pero sí sé que el paludismo es curable y que yo tengo suficientes medicinas para hacerle sanar." Entonces le dije: "Si dices que ese hombre está enfermo, llévame a donde él está". Me llevó. Cuando le vi, dije: "Un caso de más de esa enfermedad curable que ahora haré huir". Suministré las dosis necesarias y dije a la familia. "No se preocupen, por favor". Yo les pido que tengan calma y den estos medicamentos. Pasaron dos días y ¿sabes lo que sucedió Caruso?

Caruso: No, ¡cómo lo voy a saber!

Enfermera: ¡Murió! ¡Murió, Caruso! y yo me sentí tan mal que fui gritando por toda la aldea. Gritaba como enloquecida: ¡Está muerto! ¡Está muerto! y yo ¿qué hice para darle vida?

Caruso: Oh, pero, ¿qué es esto? No me dirás también tú que eres culpable de la muerte de ese hombre.

Enfermera: Si, ¡yo soy culpable! ¡Culpable y mil veces culpable! ¡Yo debí morir en su lugar! ¡Yo debí impedir que muriera, pero no logré arrebatarlo de las garras de la muerte! ¡Oh, Dios mío! ¡Qué he hecho! ¡Qué haré ahora, Caruso! no puedo con esta culpabilidad. ¡Era una persona inocente! Yo debí morir en su lugar, porqué él y no yo.

Caruso: En verdad estás loca, mujer, entiende que nadie muere por nadie. Entiende que nadie es tan apasionado y tan loco de amor que ha de morir por nadie, ni siquiera por los mejores hombres de esta tierra.

Enfermera: *(sale gritando esas palabras:)* ¡Yo debí morir en su lugar! ¡Yo debí morir en su lugar! ¡Era un hombre de paz! ¡Era un hombre bueno! ¿que hice yo para devolverle la vida? ¡Nada! ¡Nada!

Caruso: Que personas tan insensatas. Primero porque dejaron morir a quien deberían salvar y segundo porque dicen debieron dar su vida por ellos. ¡Qué absurdo! ¿Quién habría de darse por otro?

¡Si yo encontrara realmente a alguien que por mi diere su vida y si por darme la paz su alma derramara, juro que de él me convertiría en su esclavo para siempre! Ja, ja, ja, ja. *(Ríe estrepitosamente).*

¡Pero yo! ¡Sería esclavo de un hombre muerto! ¡Triple absurdo!

Total, lo dicho, dicho está. *(Queda con las manos al cielo, como desafiante).*

Escena VI - La Muerte para Siempre de Uno de los Embajadores

Escenario: la escena se desarrolla en el interior de un edificio adornado para una fiesta. Está Isaac con otras personas, entre ellas el guardaespaldas.

Isaac: Un aire de libertad y paz estaba ya soplando desde hace mucho tiempo. Cuando el presidente Jimmy Carter de los EU –ese bautista convencido– estaba en el poder en la casa blanca, ya se hacían intentos por llegar a acuerdos. Lo recuerdo perfectamente. Yo era funcionario de Estado, Menachem Begin era el Primer Ministro. 1978. Campo David... Oh, ese fue un gran día. Pero después todo acabó, la paz no pudo mantenerse... ¿Porque? ¿Qué inverosímil es todo esto? *(Al final una expresión de gran asombro a la vez que con un poco de enfado).*

Caruso: He escuchado decir al evangelista algo sobre lo que mencionas. Él dice que no se puede obtener paz todavía debido a una profecía de la Biblia. Una que dice que no podrá haber paz en Israel hasta que venga un hombre al que llaman "el anticristo"; y que ese será quien nosotros reconoceremos como el Mesías.

Isaac: Yo respeto mucho a ese hombre. En realidad se ha convertido en un buen amigo. Tanto lo respeto a él como a sus ideas. Lamento que las mías no converjan con las suyas. Él dice que el Mesías ya vino y que su nombre es Jesucristo. Pero yo no puedo entenderlo aun así.

Caruso: No se, Isaac, yo también he sido educado en la religión judía y amo el Dios del Torá. Sin embargo, muchas dudas se han apoderado de mí... de quién podría ser ese Jesús. De qué en realidad le hizo dejarse abrazar voluntariamente por la muerte... de quién se trataba en realidad. ¿De un loco? ¿Un mentiroso?... O realmente quien dijo ser: El Unigénito Hijo de Dios, Isaac.

Isaac: Si.

Caruso: Sabes, tuve un sueño...

Isaac: *(haciendo señas de silencio)* Después continuamos con esta conversación porque alguien empezará a hablar en el pódium.

Una persona en el pódium dice: *(esto también se puede decir tras el telón, escuchándose la voz propia de un sonido de auditorio:)*
Isaac Rabin. Nace en Jerusalén en 1922; estudió en el Colegio de Agricultura de Kadoorie, donde se graduó con honores. Su carrera militar comienza en 1940 cuando se unió a las fuerzas inglesas en la segunda guerra mundial. Por 20 años sirvió al ejército Israelí participando brillantemente en la guerra de los Seis Días. En Enero de 1968, se retiró de su servicio militar y pronto fue nombrado Embajador de Israel en los Estados Unidos.

En 1973, Rabin regresó a Israel y se convirtió en un activista laboral; y en 1974 fue nombrado Ministro del Trabajo.

En 1976, Rabin dirigió una operación para la liberación de un avión de la Air France secuestrado.

Fue nombrado en el año 1984 ministro de defensa y en el año 1992 se convierte en el 11vo. Primer ministro de Israel.

Finalmente, y es magnífico y muy emotivo decir que en 1993 obtiene el más importante de los acuerdos de paz para oriente medio. Con la participación del presidente de la Organización para la Liberación de Palestina, Yaser Arafat y el presidente de los Estados Unidos, Bill Clinton. Esto último es precisamente la razón más sobresaliente de nuestra celebración el día de hoy.

Inmediatamente después de que el maestro de ceremonias termina de hablar, entra un sujeto con la cara cubierta por una media con una pistola en su mano. Se acerca rápidamente al primer ministro y dispara a quemarropa sobre él mientras la gente grita de espanto y se mueve para todos lados. Tan rápido fue el suceso que el guardaespaldas no pue-

de hacer nada; el primer ministro yace en el piso. El guardaespaldas se acerca, verifica sus signos vitales y dice: "Ha muerto" en ese momento todo se congela y el guardaespaldas inicia un monólogo.

Caruso: ¡Nooooooooooo! ¡Cómo pudo pasar semejante cosa! Este hombre era inocente. Un promotor de la paz, el mejor que ha existido en toda la historia de nuestra nación incipientemente unificada. ¡No merecía morir! Este hombre era justo. Un justo entre todos los justos. ¡Ha muerto! ¡Ha muerto! ¡El esfuerzo de su vida por la paz se vio aplastado por un inútil ciudadano de nuestro mismo pueblo! y ¿yo? ¿No fui acaso aún más inútil y fatuo que el que le asesinó? Yo no debí dejar que muriera. Debí morir en su lugar. Era mi deber morir en su lugar. Mi vida no vale nada en comparación con la de este hombre. ¡Qué he hecho Dios mío! ¡Fui un negligente y torpe! Y ese miserable que le mató: ¿Qué no puedes ver un hombre que busca la paz? ¿Qué no puedes ver un hombre que realmente vale? ¡Eres una cucaracha! ¡Eres una cucaracha! ¡Eres un miserable! *(Mientras dice todo esto, hace una actuación magistral moviéndose por todas partes en el escenario. Al decir esto último se tira la piso, se arrodilla y llora).*

¿Hasta cuándo, Dios mío, Yahvé, dejará de ser afrentado nuestro pueblo? ¿Hasta cuándo llegará la paz a nuestro santo lugar? Se ha oscurecido nuestra mente este día, el mundo entero hace luto, los montes lloran desesperados y los collados se encienden con furia. Porque ha caído uno de nuestro grandes valientes. La corona de la gloria de toda nuestra nación.

(Luego dice al viento:) Y tú, Jesús, si es verdad que existes. ¿Por qué no lo impediste? ¿Por qué no permitiste que yo muriera en su lugar? ¿Es justo que mueran los justos y los malos y perversos contínúen viviendo?

En ese momento se aparece Jesús de Nazaret.

Jesús: ¿Porque tuve que morir yo y no tú? Respóndeme ahora tú a mí.

¿Por qué tenía que morir el hombre más justo que ha pisado esta tierra? Porque nadie fue sin pecado sino yo. Respóndeme si sabes.

¿Era justo que el cordero fuese sacrificado por los pecados más espantosos que ni un jamás pasaron por su mente pura?

Y después de que lo hice, ¿te parece bien que los hombres crean más en ídolos muertos, en las riquezas de esta vida, en la política y religión que en mí, que morí por todos ellos?

Pues para dar salvación a los injustos fui sacrificado y para darte vida eterna ofrecí voluntariamente mi vida. YO SOY Jesús, el que ha muerto en esa Cruz que tú jamás comprendiste.

Caruso: ¿Jesús? ¿Jesús? *(Hace una expresión de miedo).*

Jesús: No temas.

Caruso: ¡Señor! Pero siempre me enseñaron que tú habías muerto.

Jesús: Pues me he levantado de la tumba y he aquí que vivo por los siglos de los siglos. Yo soy el principio y el fin. El que tiene la llave de David. Cuando yo abro ninguno puede cerrar y cuando yo cierro ninguno puede abrir. Y he aquí que he abierto una puerta para ti, grande y pesada que ninguno en la tierra podrá cerrarla. He aquí está delante de ti la puerta del camino estrecho que lleva a la vida. Un camino en el que son pocos los que transitan; pero el gozo de su victoria y la paz que en su caminar se encuentra son para siempre.

Caruso: Señor, ahora lo comprendo todo. Así como Isaac murió por causa de la paz, tú moriste primero por una paz que nunca había querido dejar entrar en mi corazón.

Jesús: Sólo el autor de la paz puede darla. Yo soy el autor de la paz. Ningún ser humano puede traer verdadera paz sino Yo. No se turbe más tu corazón. Porque la paz que yo doy no es comparable con la paz que el mundo da. La paz que dio Isaac a tu pueblo ¿dónde está? Porque la paz que el mundo da no es verdadera sino aparente; en tanto que mi paz es una paz continua, perenne e inquebrantable. Una paz de trascendencia eternal en el corazón humano.

Caruso: ¡Señor! ¡Rey mío y Dios mío! ¡Merezco la muerte por mi torpe incredulidad! *(Se abraza a sus pies).*

Jesús: Ven y cuenta lo que has visto a mi siervo Corsio. Él te dirá lo que deberás hacer.

Sale Jesús del escenario y todos se descongelan, gritando asombrados por lo que acaba de ocurrir vienen los paramédicos, se oyen las sirenas de policía, de la ambulancia y se escucha mucho alboroto y ruidos de gentes.

Fin de

" El Embajador de Paz "

EL LIENZO
de sangre

PERSONAJES

Juan el Bautista.

Festo.

Martha.

Soldado Romano.

Herodías.

Herodes.

Salomé, hija de Herodías.

Julio.

Selia.

Abigail.

Mujer Pecadora.

Barrabás.

Sanidad.

Malco.

Isaías.

Jeremías.

Narrador.

Voz de Dios.

Escena I – Una Muerte en la Cárcel

Escenario: aparece Festo con Juan. La vestimenta de ambos debe ser la propia de los penitenciarios. Festo camina por el escenario como desesperado. Juan está ahí también, él es quien habla primero.

Juan el Bautista: Hay una pasión en mis huesos. Un pasión desbordada que avasalla con los linderos y sujeciones de mi mente. Lo destroza todo a su paso. Hace añicos mi corazón y corre por mis venas más rápido que la sangre. *(Breve intervalo de tiempo)* Festo, *(y esto lo dice llorando)* algún tiempo atrás pensé dejar esta predicación que parecía sería la causa de miles de desgracias para mí, pero hubo un fuego y un viento que le avivaba en mi interior. El fuego me quemaba. Y el viento parecía ahogarme por su frescura y velocidad. No pude sufrirlo. No pude dejar de hablar y decir que Dios se ha acercado a nosotros. ¡No pude dejar de denunciar el pecado, no pude, Festo, no pude! *(la voz de este actor debe ser grave con mucha expresión).*

Festo: Con qué clase de loco estoy yo ahora. No sólo la mala suerte de ser encarcelado injustamente sino también en compañía de este demente.

Juan el Bautista: Aunque vago por los desiertos, mi alimento es miel silvestre y mi vestir extravagante *(sonríe, lo dice con gozo).* Nada en mi es tan natural como mi predicación *(con brío).* Nada emerge de mi tan fácil sin ser mío, pues mis palabras no son sino las ondas que deja la roca del Espíritu tirada sobre la superficie del agua.

Festo: *(lo toma de cuello y dice)* Si tú supieras lo que es estar en las manos de un romano como ahora te tengo yo a ti. No es verdad que Dios se ha acercado a nosotros. ¿Dónde está? ¿Acaso hemos sido libres? ¿Dónde está esa libertad? ¡Ahora nosotros estamos en sus manos, señor predicador! Sé que estos perros putrefactos no se cansarán hasta que destruyan nuestra ciudad y echen abajo nuestros muros. Nuestras mujeres y niños están a su merced. Roban lo nuestro y nuestro trabajo toman. ¿En qué mundo vives tú? ¿Qué clase de fuego es el que te consume si no es el de Jerusalén en llamas? *(lo deja y lo avienta violentamente).*

Juan el Bautista: Veo como Satanás ha llenado de amargura tu corazón, porque en cárcel de hiel está tu alma. Arrepiéntete de tu maldad y quizá Dios se apiade de ti para darte perdón. Porque veo que pasión de demonios te han engañado.

Festo: *(se aparta atemorizado)* Oh, no sé qué tienes tú, jamás me había sentido atemorizado. ¡Jamás nadie había hablado así!

Empiezan hablar entre dientes como si demonios hablaran a través de él. Se mueve hacia una esquina y se tira en el piso.

La música apropiada da vida a cada frase de este diálogo. Seguido e inmediato, llega la madre de Festo.

Festo: *(llega su madre, Juan se retira a una esquina del escenario, se postra para orar, Festo corre aterrorizado a donde está su madre)* ¡Madre! ¡Madre! ¿Qué es lo que estás haciendo aquí? No te he dicho que no vengas a verme, te puede suceder algo. Estoy condenado a muerte. Nadie puede dominarme y por eso me matan. La muerte es la solución a sus problemas. Pero no saben que no estaré aquí mucho tiempo. Algo hare para salir vivo de aquí.

Martha: ¿Vivo? Hijo, porqué te has metido en tantos problemas. No has seguido ninguno de mis consejos. Ahora estás condenado por ser un malhechor y, ¿qué será de mí? *(llora).*

Festo: ¿Porque te has de preocupar por mí? ¡No hay nadie que se preocupe por mí en el mundo! ¿Por qué has de hacerlo tú? Yo no soy quien maté a ese hombre, Madre. Créeme.

Martha: ¿Qué no lo mataste? ¿Pues cómo entonces…?

Festo: Yo estoy siendo utilizado como un chivo expiatorio. Te juro que yo no lo maté. ¡Estoy aquí injustamente!

Martha: Festo, Festo, te creo, hijo. ¡Que madre no creía las palabras de uno hijo condenado a muerte! No ceso de rogar a Jehová, el Dios de Abraham por ti. No ceso de orar pidiendo por tu alma. Que sea salva de esa prisión en la que estás.

Festo: Es que no entiendes, Madre. Tu amor apasionado y locuaz ha cegado tus ojos y tu mente.

Martha: Hijo, nunca dejaste de ser un hombre torpe y testarudo, aún hasta en estos momentos *(llora)*. Festo, mi niño Festo. Si tú supieras el dolor que dejas en mi alma despedazada.

Festo: Vete, Madre, vete. No puedo escucharte más *(con ternura y firmeza a la vez)*.

Martha: Hijo mío, ¿qué bien no procuraría para ti? Ahora me voy. Me voy para no verte nunca más. Este es el día más triste de mi vida. *(Se retira llorando).*

Entra un soldado romano, a este llamaremos S. Romano.

Soldado Romano: Miserable Judío. ¡Levántate de ahí, loco! ¡Levante raro demente! ¿Oras? *(ríe estrepitosamente).* ¿No sabes que tus oraciones no sirven de nada? ¿Qué te dice Dios? ¿Qué le digas a Herodes que vive en adulterio? Tu bocota te ha traído la muerte. Si no hubieras pronunciado semejante denuncia ahora anduvieras trepado de los árboles buscando tu miel. Pero ahora la reina esta contra ti y Herodes ha ordenado tu muerte.

Se escuchan las voces de otros que dice: "¡Si, que muera, que muera!"

Juan el Bautista: Mi hora ha llegado. El Señor me lo había dicho antes y este es el tiempo. He cumplido el ministerio que recibí del Señor *(con brío, con gozo),* he acabado mi ministerio en la tierra y mis ojos han visto al Mesías prometido. No le veré más aquí sino en su trono de gloria. Está determinado que muera por manos de gentiles, pero yo le veré en el resplandor de su poder. Le veré resucitado y con un séquito de ángeles tras él, hasta que se siente en el trono de su Padre. Bendito para siempre *(alza sus manos al cielo).* Y tú, Julio *(le apunta con ambas manos),* Dios te hará pasar por afrentas y dolores y tu alma será rodeada de tribulación hasta que veas al Salvador y le abraces. Entonces tu boca destilará miel y tu corazón olor de jazmines. Tú mismo caminarás por este camino al que llamas locura.

Soldado Romano: ¿Cómo es que conoces mi nombre? ¿De qué estás hablando? *(con voz de asombro).* No comprendo una sóla de tus palabras. Yo soy un adorador de Zeus. Soy un romano. Recuérdalo *(con énfasis y tono de cierto orgullo en voz baja),* ¿qué cosas de tu religión son esas que me dices?

Juan el Bautista: Ahora mátame. Porque esa malvada a pedido mi cabeza en un plato.

Juan el Bautista: ¿Cómo es que sabes eso? *(con mucho asombro).* ¡Por Zeus! Este es el hombre más extraordinario que he conocido.

Se cierra el telón. Después de cerrar el telón se trae un muñeco y se actúa tras el telón contra luz. Se escuchan todas las voces y sonidos. El soldado romano corta la cabeza de Juan y esta cae al piso. Festo se escapa. Se ve cuando Festo corre y el soldado romano le sigue.

Escena II – Vivo o Muerto

Escenario: la escena se desarrolla en el palacio. Entre risas, músicas y danzas.

Herodías: ¡Hasta cuándo va a regresar ese tonto de Julio! ¿No le dijiste que lo hiciera rápido? Se va a acabar la fiesta y ese tarado no regresa.

Herodes: *(habla con un tono de mucho ego)* De qué estás hablando, mi vida, ese es el soldado más eficiente que tengo. Estoy seguro de que Julio tiene madera de emperador.

Herodías: Pues a mí me parece que no pasa de ser un soldadesco de segunda.

Herodes: ¿Soldadesco de segunda? Mmm… Qué no dirás de mí, mi vida. Qué has de decir del gran rey Herodes, que es un gobernante débil.

Herodías: Pues sí que lo eres. Ya era hora que hubieras mandado matar a este profeta bocón. Si tuvieras más agallas ya lo hubieras matado desde hace mucho tiempo. Pero eres un cobarde.

Herodes: *(conservado el mismo tono arrogante)* Ja, sí que lo soy, si tú lo dices. Lo que tú digas está bien para mí, amor. Pues he logrado todo lo que he querido y tú no eres la excepción.

Herodías: Eres insoportable, yo no sé cómo es que me vine contigo. Felipe era mejor que tú.

Herodes: Pues vuélvete con Felipe si eso es lo que quieres, que mujeres a mí no me faltan *(llama a Salome)*.

Herodes: ¡Salomé! ¡Salomé! Ven, que deseo hablarte.

Salomé: *(al llegar a la presencia del rey hace reverencia)* Que es lo que desea mi Señor.

Herodes: ¿Estas dispuesta a ser la nueva reina de Judea en substitución de tu madre?

(Herodías interrumpe).

Herodías: ¿Estás en tu juicio? ¿Pues es mi hija? ¿Estás loco?

Herodes: *(continua con el mismo tono)* Ja, pues es claro que estás conmigo por el poder que te doy, amorcito.

Salomé: ¿Qué es lo que desea mi Señor de mí?

Herodes: Pues que es lo que TÚ puedas pedirme a mí que no te diera, preciosa. Ahora tu madre me molesta diciéndome cobarde y tú, ¿qué harás para evitarlo?

Salomé: No puedo sino hacer lo único que se hacer, señor. Danzar, danzar y danzar.

Herodes: Pues vete a danzar al infierno *(avienta una copa de vidrio y la quiebra)*. Tú me vas a traer problemas políticos *(apuntándole)*. ¡Que no se dan cuenta que Juan es amado por el pueblo! Si mato a Juan tendré problemas de revueltas una vez más. Estoy harto de esos revoltosos *(con mucho enfado; luego con más calma dice:)* Para mi gusto tengo en la cárcel a Festo, que logró matar a uno de mis mejores hombres *(esta última frase con gesto de desagrado)*. A ese es al que deberías de haberme pedido que matara primero. ¡Pero ahora tendré que esperar hasta mañana para verle colgado de la horca! *(lo dice esto con mucho coraje, levantándose de donde está).*

Salomé: Tranquilícese mi rey, que toda Judea no puede hacer nada contra el poderío romano. El poder del estado es una aplastante rueda de molino.

Herodes: Ahora vete, niña. Que tú no sabes nada. Ni tienes la menor idea de lo que dices.

Salomé sale.

Herodías: Pagarás por esto, Herodes. Ahora ¿qué es lo que pretendes? ¿Avergonzarme delante de todos y anunciar tu matrimonio con mi hija? Tú y tus locuras ridículas. Pues ahora no te vas a atrever a nada sino me consultas a mi primero porque eres un cobarde gobernante farsante *(en tono desafiante).*

Herodes: *(con tono sarcástico y arrogante a la vez)* A menos que de tan ebrio logres algo de mí como ahora, no te necesito más que a mi gato. Vete cuando quieras. Pero sé que no te irás porque anhelas mi poder, amorcito. Por fin sacaste algo de mí por tus enredos de mente sagaz. Por eso te quiero *(ríe estrepitosamente).*

Julio: *(entra con la cabeza de Juan el Bautista en un plato)* Aquí está lo que me pidió, mi rey.

Herodes: ¡Vaya, ya era hora! ¿Por qué tardaste tanto? ¿Estabas escuchando la predicación kilométrica de Juan? *(ríe sarcásticamente).*

Herodes: *(se pone de pie delante de la mesa y alzando la cabeza de Juan dice:)* ¡Hela aquí, estimándoos invitados! Para comprobar que soy hombre de palabra. Aquí está lo que me ha pedido la gentil doncella que bailó para mí.

Se escuchan aplausos y vitoreo. Después de esto Herodes se sienta.

Herodías: *(se pone en pie delante de todos, igual que lo hizo Herodes y habla:)* Amables invitados, este es el día más feliz en mi vida. Mi enemigo ha caído. Este profeta de pacotilla que se atrevió a decir que mi matrimonio con mi querido esposo Herodes estaba mal, ahora no puede decir "esta boca es mía", ja, ja. Pues que tonterías dijo este pobre demente... sólo recordarlo me da risa. ¡Ahora él está en mis manos y su cabeza sin vida contemplo con placer! *(alza el plato y la cabeza al cielo).* Mi esposo y yo somos la pajera más feliz de la tierra y nadie lo puede evitar. Ni siquiera este tonto profeta.

La gente aplaude y vitorea. Herodía pone el plato en la mesa y el resto de la escena se la pasa viendo la cabeza y riendo a la vez como demente.

Herodes: *(a Julio)* ¿Ya está todo preparado para al ahorca de Festo mañana, Julio?

Julio: *(titubea)* Señor el Rey, no se vaya a enojar por la noticia que tengo.

Herodes: *(se enardece)* ¿Qué? ¿Una noticia? ¿Qué no me vaya a enojar por ella? ¿De qué estás hablando, Julio, ¿Dónde está Festo? *(pausa, después dice con rabia:)* ¡Festo, miserable perro! ¡Como quisiera yo mismo matarle con mis propios manos! *(al decir lo anterior hace seña de su enojo poniendo sus puños enfrente de sus ojos... luego se pone la mano en la barbilla)* Sí, olvida lo de la horca. Yo mismo voy a la cárcel para matarle *(golpea la mesa con la mano derecha cerrado)*. Ahora mismo *(se levanta de la mesa rápidamente y queda de pie)*.

Julio: *(Julio impide que Herodes salga de la mesa y Titubeando todo el tiempo dice:)* Señor, temo que por ahora no podrá ser.

Herodes: ¿Qué? *(con mucha energía)*.

Julio: *(con voz nerviosa)* Eso es lo que estoy intentando decirle.

Herodes: ¿Decirme qué? ¿Pues qué traes, Julio?

Julio: Escapó, Señor, Festo escapó.

Herodes: ¿Qué? ¡No puedo creerlo! ¿Qué Festo escapó? Pero... pero... ¿Qué es lo que estoy escuchando? ¿Puede combinarse tristeza con rabia; orgullo, alegría del vino y la muerte de Juan con la vergüenza? ¿Qué es lo que sucedió?

Julio: Aprovechó cuando estaba matando a Juan para atacarme, Logró escapar pero logré heriré y estoy seguro de que puedo seguir el rastro de su sangre.

Herodes: ¡El rastro de su sangre! ¡De que estas hablando! ¡Haz lo que quieras, pero quiero a Festo vivo o muerto! Si no traes a Festo mañana a estas horas, tú serás al que mataré.

Julio: Sí, señor. Lo traeré vivo o muerto.

Herodes: ¡Pero muévete! Ah, por cierto, ni se te ocurra decir que se nos ha escapado, me pondrías más en ridículo. Ahora lárgate de aquí.

Julio: Sí, mi señor.

Escena III – ¡Festo está Vivo!

Escenario: esta escena se desarrolla dentro de la casa de Festo. Intervienen Festo, su Madre y dos de sus hermanas.

Martha: Hija mía, Selia, no puedo dejar de pensar en Festo *(llora).* No puedo evitar estar tan triste, hace ya semanas que le mataron. No puedo evitar estar enfadada conmigo misma por no poder hacer nada para salvarlo. Fui una mala madre, mi crianza fue pésima.

Selia: *(con ternura)* No diga sin sentidos madre mía. Por favor, ya no te aflijas más por Festo. Él eligió ese camino. Nadie en realidad es culpable sino sólo él.

Martha: Si tan sólo tu padre estuviera con nosotros, quizá fuera distinto. No puedo evitar sentir la rabia que Festo le tenía también por haberse agregado a la guardia romana. ¡Todo esto nos ha ocurrido por causa de su abandono!

Selia: Madre, por favor, no sigas con eso. Creo que ese tema lo he escuchado miles de veces. Lo mejor es olvidar ya ese asunto y continuar la vida. Ahora lo de Festo es nuestra nueva angustia. Pero ¿qué podemos hacer ante eso? Madre, contéstame ¿qué podemos hacer?

Martha: Creo que nada. No podemos hacer nada *(con resignación).* ¡Pero esos malditos romanos, ni siguiera nos dejaron recoger el cuerpo! ¡Qué insensibilidad de su parte!

Selia: No todo está perdido, madre, quizá Abigail nos traiga buenas noticias en cuanto a Lázaro. No pudimos visitarle, pero yo tengo la esperanza de que finalmente se haya recuperado.

Marta: ¿Estar bien? Pero si su enfermedad era de muerte, Selia. Sólo un milagro le haría estar bien.

Abigail: ¡Milagro! ¡Milagro!

Martha: ¡Vaya! *(se alegra mucho cuando Abigail entra en* *escena)*. ¡Por fin nos visitas, mujer! Ya teníamos más de tres semanas sin verte, ¿Qué no extrañas a tu familia? Ven a acá, niña mía *(le abrazo con brío)*.

Selia: Hola, hermana mía, ¿pero qué nuevas nos tienes? Desde que Festo murió nos consume la tristeza. Supimos también que nuestro pariente Lázaro estaba enfermo de muerte. No sabemos si viva o muera.

Abigail: ¡No saben si viva o muera! ¡Yo no sé si YO viva o muera con este gozo! Estoy segura de que esto que les contaré les alegrará también *(con gozo)*.

Selia: ¿Cómo? ¿Lázaro está bien? ¿Sanó de su enfermedad? *(con asombro, contenta)*.

Abigail: *(casi sin prestar atención a lo que Selia dice:)* No podía creer lo que mis ojos estaban viendo. ¡Seguro jamás me creerán pero mis ojos lo vieron, familia mía!

Selia: ¿Qué? ¿Qué es lo que viste? Porque nos tienes en tanta intriga.

Abigail: ¿Pero me prometen creerme? ¡Esto es algo maravilloso!

Martha: Pero, habla mujer. ¿Por qué estás tan emocionada?

Abigail: ¿Ustedes alguna vez han estado en un funeral de un muerto que tiene ya cuatro días?

Martha y Selia: ¡Muerto de cuatro días! *(con voz tétrica y susto)*.

Selia: Claro que sí, Abigail. ¡Un muerto de cuatro días es un muerto que hiede! Pero eso que tiene que ver.

Martha: ¡Muerto! ¿Estás hablando de Lázaro? ¡Oh! ¡Santo cielo! Pero si debieron avisarnos, porque nos tienen tan olvidados. Que terrible. ¡Otro más a la lista! Pero, no entiendo, ¿eso te hace estar contenta? Pero, Abigail, ¡te has vuelto loca! ¿Qué es lo que te ha insensibilizado? ¡No lo puedo comprender! *(empieza como a lloriquear)*.

Selia: Abigail, no me digas que fuiste otra vez con ese Rabino llamado Jesús, que hace milagros. Las ideas de ese Rabí te han quitado la razón. ¿Qué es lo que te sucede?

Abigail: ¿Volverme loca? ¡Pues si esto es locura, nunca he estado más loca! Madre, Selia, déjeme terminar, eso que vi fue majestuoso. Le habían puesto en una tumba con una piedra encima. Nosotros esperábamos que Jesús respondiera con alguna excusa a las reclamaciones de las hermanas del muerto… puesto que le fue avisado que viniera antes de que el fallecimiento ocurriera *(énfasis en la palabra antes).*

Selia: ¿Cómo? Y ¿ese Rabí que te sigues no hizo nada al respecto?

Abigail: El demoró su llegada y contra todos nuestros pensamientos Él dijo algo tan extraño…

Martha: ¿Qué?

Abigail: Dijo: ¡quitad la piedra! *(grita, hace la actuación que Jesús haría en ese momento).*

Selia: ¿Qué? ¡Pero si el tío tenía ya cuatro días de muerto! ¡Oh, Dios mío!

Abigail: Sí, pero no se imaginan lo que dijo después.

Martha: ¿Pues qué fue? Oh, Dios santo, niña, ¿porque nos torturas tanto? ¡Dilo de una vez!

Abigail: Dijo: ¡sal fuera! *(grita).*

Martha, Selia y Festo *(que entra en ese instante, dicen:)* ¿Qué?

Festo está vestido en tal forma de fugitivo con ropa manchada de sangre, etc.

Festo: ¿Qué me vaya?

Martha y Selia: ¡FESTO!

Abigail: *(que por narrar la historia, puesto que todo lo que* *dice con actuación y movimiento está de espaldas al lado en que Festo entra. Ella dice:)* ¡No, Festo no, sino Lázaro! *(Luego se voltea y dice:)* ¡Festo!

Martha al verle se desmaya. Al verle desmayada, sus hijos le atienden para despertarle.

Martha: *(al recobrar el conocimiento dice:)* Pero Festo, yo pensaba que estabas muerto. ¿Qué es lo que ha ocurrido contigo? ¡esto es un milagro! ¡Tal como el que tu hermana nos contaba! *(con mucho gozo).*

Abigail: ¡Hermano, mío! *(le abraza, con brío. Le abraza también Selia)* Pero ¿cómo lograste burlar la guardia romana? ¡Esto es tremendo!

Festo: Sí, he escapado... pero, déjenme contarles algo que no me deja en paz desde que lo vi. ¿Recuerdan ustedes a aquel profeta que predicaba en los lugares desiertos?

Selia: Sí, lo recuerdo, se llama Juan el Bautista.

Festo: Pues ya no vive más. Le mataron en la cárcel y yo vi cuando esto sucedió.

Selia: Pero ¿cómo fue esto? ¡Qué horror!

Festo: ¡Sí, le cortaron la cabera en la cárcel y yo vi todo! Fue horripilante. Pero lo más impresionante de todo es que al salpicarme yo de la sangre de ese hombre las cadenas se soltaron de mis pies y pude escapar.

Selia, Abigail y Martha: ¿Cómo? ¡Gloria a Dios!

Abigail: Otra confirmación de que Dios está entre nosotros.

Martha: Pero, hijo, ¡estas sangrando!

Selia: *(trayendo al instante un vendaje y agua para lavar la herida, dice:)* Déjame curarte, hermano mío.

Festo: Fue así como logré escapar. Pero el soldado romano logró hacerme una herida. Estuve huyendo del soldado, y aunque perdió tiempo en ver a Herodes primero, logró seguirme debido al rastro de mi sangre. Pero estoy seguro que lo perderá al fin.

Martha: ¿Por qué estás tan seguro, hijo?

Festo: Yo hice lo que Juan el Bautista me dijo. He rogado al Señor que perdonara mis pecados. Ahora soy un seguidor de Jesús y tengo confianza en que seré juzgado inocente de lo que me acusan.

Abigail: Maravilloso, hermano mío, quédate aquí con nosotras y estarás bien.

Escena IV – El Lienzo de Sangre

Escenario: esta escena es un sueño. En ella se extiende una tela roja sobre el piso que representa la sangre de Cristo que va fluyendo, aunque no se dice categóricamente, sino entre líneas. Se debe poner especial atención al vestuario de los actores. Puesto que varios de los parlamentos son largos, deben de ser dramatizados en forma magistral.

Julio: He seguido el rastro de sangre, pero parece no llevarme a ningún lugar aún. Continuaré siguiéndolo.

En sentido contrario al de Soldado Romano transcurren los personajes que darán vida a esta escena junto con S. Romano.

Mujer pecadora: *(entra saltando y gritando)* ¡Gloria a Dios, gloria a Dios!

Julio: ¿Qué es lo que sucede contigo, mujer? ¿Por qué estas saltando y gritando con tanto entusiasmo?

Mujer pecadora: ¡Oh, señor soldado! no soporto la necesidad de decirle mi historia. Estaba en el punto del suicidio y locura. Separada de mis padres desde niña; triste, abandona y sin socorro, soplaba en mí un humo negro que parecía oscurecer mi existencia toda. Corría con uno y con otro buscando ternura y comprensión, mas sólo entraba más en soledad, en distancia, en extravío. Cuando por fin parecía encontrar un rayo de esperanza, descubría que no era sino un espejismo proyectado por mi anhelo de salvación. La carga de mis pecados era cada vez mayor, y yo decía en mi mente: ¿Podrá Dios, si existe, perdonar mis pecados? Esa era la preocupación de mi mente; mientras mi maldad cubría mi vida por completo, como un monstruo cada vez más robusto e invencible. Fue entonces cuando cerca de mí, vi correr un hilo de sangre tan fino como un cabello… *(pausa breve)*.

Vi que al seguirlo se ensanchaba. Y con él mi alma también. Parecía caminar por un pasillo de libertad *(pausa breve)*. Llegue finalmente. Y vi lo que jamás podría describir con palabras. Era la salvación divina trazada en figura humana y colgada indignamente. Era yo, era yo quien estaba ahí tan pecadora. ¡Y él me estaba perdonando! ¿Yo? ¿Merecía perdón? *(llora, aunque todo esto lo tiene que decir con muchísima expresión)* Él se había hecho pecado por mi *(pausa)*.

Vi su rostro dirigido al mío. Ese rostro desfigurado estaba allí perdonando mi maldad, siendo que ninguna maldad había cometido Él. Ahora soy libre, libre de mi pecado y camino en un sendero lleno de luz…

Se retira ya cantando y alabando a Dios, acto seguido entra Barrabás. Todo este tiempo el Soldado Romano está meditando y escucha con muchísima atención a quienes le cuentan su testimonio.

Barrabás: Amigo mío, ¿qué es lo que estás haciendo aquí? ¿Siguiendo el rastro de sangre? *(con alegría)*. Crees tú que esa sangre es de criminales ¿Verdad? Lo mismo pensaba yo. Seguramente ese hombre es un verdadero criminal para que haya ocupado mi lugar. ¿Me recuerdas?

Julio: ¡Por Zeus! Pero si es… si es… claro que lo sé. Tu eres el criminal más sanguinario y cruel que haya conocido *(breve pausa)*. Pero espera un momento, tu rostro es distinto. Tu cara ha cambiado por completo. Tú no eres el mismo que yo conocí. ¿Qué es lo que te ha ocurrido?

Barrabás: Aja. ¡Lo notaste! Fui a la cumbre del monte solo por curiosidad. Me preguntaba qué hombre tan terrible sería ese. Seguí el rastro de sangre y me abrí paso en el tumulto. Tan rápido como pude, me encargué de tener un buen lugar para verle. Y ahí estaba. Cuando vi su rostro mí idea fue confirmada: era el rostro del criminal más fiero y detestable que yo haya visto. Permanecí unos segundos y noté algo extraño. Era algo tan extraño que este hombre, de tan mala apariencia, no respondiera a las hirientes ofensas de la muchedumbre. ¡Eso era algo increíble para mí! Fijé mi vista sobre Él y creí por un momento que estaba inconsciente. Pero no lo estaba. Su ojos eran nítidos y su conciencia viva *(breve pausa)*.

De pronto, el momento que yo esperaba se dio. Abrió su boca. Fue entonces que me dije. ¡Ah, seguro que tenía todas sus energías reservadas para este momento! ¡Es ahora que le escucharé maldecir! Pero contra toda mi imaginación, no fueron injurias las que escuché. Las palabras que dijo me impactaron, pensé de inmediato en la substitución. De inmediato empezaron a pasar por mi mente todas mis fechorías.

Me sentí el nombre más indigno de la tierra. Sentía morir. Sentía el infierno me tragaba vivo. Me aferré de la cruz, intenté derribarla. Yo quería ocupar el lugar que me correspondía a mí. Ese era mi sitio. Yo si era pecador y ese hombre era justo. ¿Por qué había de morir lo mejor de la tierra por lo peor? ¡Estaba muriendo en mi lugar, amigo mío! *(con mucha expresión)*. Y empecé a llorar como un niño. Era la primera vez que yo recuerdo había llorado *(sale gritando)*. ¡Ese era mi lugar! ¡Ese era mi lugar! *(acto seguido llega "sanidad")*.

Julio: Pero, si tú eres... tú eres...

Sanidad: Sí, lo era, pero mírame ahora, ya no soy lo que fui.

Julio: Pero ¿qué fue lo que ocurrió contigo? ¡Esto es un milagro!

Sanidad: Oh, ha sucedido conmigo algo extraordinario. En el desenfreno de mi camino tortuoso encontré este lienzo de sangre. Este caudal que corre como una corriente de salvación. Fui río arriba como tú lo haces. No sabía de donde podría provenir. No sabía sino que, en algún lugar, alguien estaría sufriendo aún más que yo.

Cuando llegue a la fuente quedé petrificada. Parecía el registro de mi mente no dar crédito a lo que veía. Se había consumida casi ya toda su sangre. En mi mente me dije: "si yo pudiera tocar esa sangre, si yo pudiera obtener sanidad mediante la sangre de su cruz". Ahí estaba yaciendo colgado inocente. Inocente decía yo en mi mente mientras mi conciencia me acusaba corriendo la imagen de mis pecados, tan vertiginosa como corría este corriente que seguí río arriba. Y me llené de tristeza por haberle ofendido. Cuando esto ocurrió, amigo mío, algo pronunció de su boca. Apenas si pude escucharle decir: "Padre perdónales porque no saben lo que hacen". Y ahí estaba yo con la carga de mis pecados aún más pesada que todas las manchas de mi piel llena de gusanos. Y estaba segura de que sus ojos me miraban directamente.

Caí a sus pies, manchando con su sangre mis rodillas y permanecí. Sí, permanecí hasta que la carga que traía sobre mí fue descargada sobre aquella cruz. Entonces miré mis rodillas y eras limpias como la piel de un niño. Mire la segunda vez y vi como la sanidad corría por mi piel como la devastación de un río en avenida. ¡Era esa sangre, era esa sangre, era esa sangre! *(al mencionar esto último sale de la escena cantando y danzando para el Señor).*

Julio: Oh, Dios mío, pero ¿qué clase de hombre es ese que ha derramado su sangre? ¿Es este el salvador del mundo? ¿Es este realmente el Hijo de Dios que tanto necesita nuestra humanidad perdida? Dios, ayúdame a comprender qué es lo que ha sucedió. Ilumina mi mente.

Voz de Dios: Camina río abajo, atrás en la línea del lienzo de sangre y así entenderás.

Julio: Señor, lo haré.

Camina siguiendo el lienzo rojo que debe estar hasta afuera del escenario. Julio, ya fuera del escenario, entra por el otro extremo un personaje que grita. Mientras tanto el telón se va cerrando poco a poco a medida que los personajes hablan.

Jeremías: "He aquí vendrán días dice Jehová, en que levantaré a David renuevo justo y reinará como Rey, el cual será dichoso, y hará justicia en la tierra".

Julio: ¿Quién eres tú? ¿Qué quieren decir esas palabras? ¿Qué significan?

Jeremías: Oh, amigo mío, ¿ya tomaste algo esta mañana?

Julio: Pues no me he levantado aún estoy en un sueño.

Jeremías: ¿Estás en un sueño? Pues así es como solía hablarme el Señor cuando era niño. Pues mira te invito un té.

Unos personajes vestidos de negro traen una mesa con dos sillas. Puede ser de otra manera si así se desea.

Jeremías: Mi nombre es Jeremías. ¿Alguna vez has escuchado hablar de mí?

Julio: Si, claro. Yo he escuchado hablar de ti.

Jeremías: Pues escucha con atención. El rastro de sangre que viste es el rastro de sangre dejado por los profetas. Todos los que hemos muerto por causa de la Palabra de Dios. Pero la cumbre de los tiempos es cuando venga el Mesías. Esa es la cumbre de los tiempos. Tú vas subiendo la cumbre del monte. Pero Dios te ha enviado para acá para que comprendas como es que ha sucedido todo.

<u>NOTA:</u> *en el escenario para este entonces debe de estar completamente cerrado, se prepara el cuadro plástico de María, José y el niño Jesús.*

Julio: Y ¿qué ha sucedido?

Jeremías: Aún no, mi amigo, aún no. En mi tiempo no. Pero vendrá.

Julio: ¿Quién vendrá?

Jeremías: Vendrá el Mesías.

Julio: Y ¿cómo vendrá? ¿Será algún libertador de lejanas tierras o algún emperador sabio?

Jeremías: Oh, esa respuesta no la tengo yo. Pero si caminas un poco más atrás en la línea de sangre, la respuesta la encontrarás. Por ahora tengo que irme, Baruc me está esperando.

Se levante de la mesa y sale. Julio también se levanta y camina en el sentido que le dijo Jeremías. Ahí encuentra a un hombre postrado en posición de adoración.

Isaías: ¡Ay de mí que soy muerto; porque siendo hombre de labios inmundos, y habitando en medio de un pueblo con labios inmundos, han visto mis ojos al Rey, Jehová de los Ejércitos!

Julio: ¿A quién han visto tus ojos? ¿Quién eres tú?

Isaías: Soy Isaías, amigo mío y mis ojos han visto al Rey. He visto al Rey. ¡Mira!

Cuando esto dice, se abre el telón. Ahí se encuentra el cuadro plástico con José, María y el Niño Jesús. Isaías apunta el telón y agrega:

Isaías: Se cumplirá mi palabra, tal como lo vez en ese cuadro. "¡He aquí que la virgen concebirá y dará a luz un hijo, y llamara su nombre Emmanuel!"

Julio: ¡Esto es maravilloso! Y ¿cómo es que se llamará ese Niño?

Isaías: Su nombre es Admirable, Consejero, Dios Fuerte, Padre Eterno, Príncipe de Paz.

Julio: ¿Y yo podría adorarle ahora mismo?

Isaías: Sí, sí puedes. Yo tengo por ahora que irme, pero ve amigo, ve a adorarle.

Isaías se retira y Julio se acerca para subir al escenario de nuevo.

Julio: Este niño es el Salvador del mundo. Gloria a Dios en las alturas. En la tierra paz y buena voluntad para con los hombres. Jesús. Justicia y salvación nuestra.

Después de que dice esto se sube al escenario y se postra para adorar al Niño Jesús. Así es como termina esta escena.

Escena V – El Verdadero Asesino

Escenario: los personajes de la escena V están inmóviles. Se sugiere que sea en una posición destacable para darle más dramatismo. Julio está afuera de esta escena y habla primero fuera del escenario. Cuando toca la puerta los personajes se activan y empiezan a moverse. En esta escena participa la familia de Festo y Julio.

Julio: Seguro ese sueño lo tuve a causa de mi gran angustia por saber el paradero de Festo. Ese criminal tan buscado por Herodes. Para mi fortuna he encontrado su paradero. Ahora no escapará *(toca a la puerta)*. Vamos, Corsio.

Abigail: ¿Quién podrá ser? Es aún temprano para que regrese nuestra madre.

Julio entra con violencia, la música aquí es muy importante. Festo se encuentra en la escena. Pero no opone resistencia para ser aprendido. Festo se acompaña de otro soldado que bien puede ser otro de los personajes que ya ha participado en escenas atrás puesto que éste no habla.

Julio: *(toma con violencia a Festo)* Te tengo, miserable, ahora morirás. Tus muchas artimañas no podrán salvarte esta vez. Préndele *(esto le ordena al soldado que va con él. Pausa)*.

Julio: No, espera un momento. Suéltalo, Corsio. Este hombre es inocente. Yo soy el culpable.

Todos tienen diferentes expresiones de asombro.

Julio: Yo soy el hombre más depravado que hayan visto. Detesté a mis padres judíos. No quise ser enseñado por ellos. Con engaños me case con Martha, una linda mujer que ahora no se ni dónde está por causa de mi ambición desmedida. La ambición por ser parte del gobierno me hizo abandonar a mi familia y enlistarme en la guardia romana. Lo hice. Luego maté a uno de los que juzgaban sería un obstáculo en mi carrera de ascenso militar e inculpé a este hombre, a Festo. Hice creer a todo el mundo que Él había sido el que le había matado y no yo. Y luego, para traer más vileza a mis días, sin compasión maté al más grande de los profetas que la humanidad haya dado *(llora con profundidad)*. ¡Maté al Juan el Bautista! Soy culpable de todo esto. El sueño que tuve hoy y el testimonio de Juan, han traído una carga de conciencia tan fuerte que no puedo con ella.

Cuando Julio termina su parlamento entra Martha.

Martha: ¡Julio! ¡Qué es lo que estás haciendo aquí!

Julio: ¡Martha! Pero ¿qué es esto? ¿Eres tú?

Martha: Claro que soy yo. ¿Qué es lo estás haciendo aquí? ¿Has venido a traernos más desgracia después de todo lo que has hecho?

Julio: Martha, yo debo pedirte perdón *(se inca)*. Martha, esposa mía, te pido perdón. No soy digno de que me perdones. No deseo nada de ti sino eso. Y si no lo haces, es perfectamente justo, pues lo que te he hecho es el más terrible mal que una mujer pudiera recibir.

Martha: ¡Julio! ¡Dios mío! ¡Dios te ha traído a nosotros a nuevo! ¡Esto es un milagro! ¡Gloria a Dios por esto! *(llora)*.

Julio: Quiero saber si me perdonas, Martha.

Martha: Sí, en el nombre de Señor Jesucristo, te perdono, Julio *(se levantan ambos y se abrazan)*.

Martha: Estos son tus hijos, los que abandonaste hace tantos años. Ellos ahora sirven al Señor *(los hijos se abrazan a Julio y a Martha)*.

Festo: Solo Dios puede hacer esto. Jamás podría pensar podría algún día tener amor en mi corazón para mi padre, y mucho menos sabiendo que es un soldado romano.

Selia: Jesucristo ha hecho eso posible.

Julio: Ese bebé que vi en mi sueño. Ese niño, es mi Salvador, ese es Salvador del mundo.

Abigail: La providencia de Dios ha dirigido todas las cosas para mostrarnos su poder y así añadir gloria a su Nombre.

Julio: *(dejan de abrazarse)* Pero ahora tengo que pagar mi pena. Tengo que morir, familia mía.

Martha: Pero cómo, apenas si has vuelto.

Julio: Lo sé, pero el hombre que maté era muy apreciado por Herodes y él, pensando que Festo lo había matado, me ha encarecido que lo traiga vivo o muerto. Pero Festo no es el culpable. Sino yo.

Selia: Papá, no te vayas de nosotros. Vamos fuera del país. Salgamos de aquí contigo.

Martha: Temo que eso es imposible. Julio tiene que afrontar su maldad. Esas son las consecuencias del pecado.

Julio: Es verdad. Hoy mismo tengo que ver a Herodes. Vámonos, Corsio.

Escena VI – Julio Enfrenta su Destino

Escenario: la escena se desarrolla en el palacio de Herodes. Aparecen Herodes, Herodías y Julio, Malco.

Malco: ¿Qué le pasa Rey? su semblante ha caído después de la llegada de Jesús. Se nota preocupado.

Herodes: Malco, ¿es que tú no sabes quién es el hombre a quien he tratado de ridiculizar?

Malco: Sí, es un pobre Nazareno que se dice ser el Rey de los judíos. Es un pobre loco *(con desdén, con desprecio).*

Herodes: Eso era lo que yo pensaba, pero creo estar equivocado. Mucho había escuchado de Él, pero esta tarde al verle, no he dejado de meditar en lo que ese hombre realmente es. No es el payaso que me hace reír, ni un enemigo a quien tenga odio. Parecía mi poderío reducido al polvo al verle; y mi gloria como a perro muerto fue tornada. Malco, ese hombre es divino.

Malco: Señor, ¡mire! ¡Su sangre! Su sangre ha quedado derramada sobre el estado.

Herodes: ¿Su sangre? ¡Su sangre! No me canso de pensar en esa sangre. Estoy seguro que no es como la nuestra. Esa sangre es divina, Malco. Esa sangre queda suspendida en mi mente y roba la atención de mi corazón.

Malco: Es la sangre emanada de su cien *(mientras la toca en el estado, lo dice como mera información).*

Herodes: No lo comprendo. Si es Hijo de Dios, ¿porque tenía esa corona de espinas en lugar de la corona de diamantes que debería? ¿Porque tenía una tela de sangre como capa y un cetro de esclavitud en lugar de autoridad? Un rey sin súbditos, un monarca sin mando, un emperador sin poder. Su mansedumbre como ruido de caballerías, su humildad como orden de millares de soldados y su paz como ruido de cientos dividiendo el cielo. Malco, su sangre ha hecho santo este lugar. El lugar donde he fraguado los pecados más infames del mundo, ahora mantiene la presencia de Dios.

Malco: No entiendo lo que dice, oh gran Rey Herodes. ¿Usted lo entiende?

Herodes: ¿Entenderlo? jamás lo podría comprender. Lo único a lo que estoy condenado es a contemplar.

Malco: ¿Contemplar?

Herodes: Malco, ¡torpe miserable! Tu mente es tan pequeña que no puede comprender que ese Hombre fue mayor que Juan. Profeta de profetas.

Malco: Señor, Julio viene.

Se escucha algún ruido que haga alusión a su llegada.

Herodes: ¡Excelente, hazle pasar! ¡Seguro trae buenas nuevas! *(con entusiasmo).*

Julio: ¡Salve, gran rey Herodes! *(se postra).*

Herodes: Julio *(pausa).* Me alegro de verte.

Julio: ¡Las nuevas que traigo a ti, me temo no sean las que esperas, oh, gran rey Herodes!

Herodes: ¿No? Habla.

Julio: Fui comisionado por ti para traer vivo o muerto a Festo. Festo, tú le consideras tu mayor enemigo por haber dado muerte a uno de tus mejores hombres y pieza clave en el progreso de tu carrera política.

Herodes: Sí, eso lo sé, continúa.

Julio: Pero no traiga a Festo.

Herodes: ¿Qué no traes a Festo? ¡Miserable Julio, pues que te has creído que eres! ¿Quieres obligarme a hacer locuras? *(se irrita).*

Julio: Sólo un momento, oh, rey, tengo que decirte que traigo a alguien aún mejor que Festo.

Herodes: ¿Qué traes a alguien mejor? Ja, ja, no me hagas reír, pues ahora nada sería mejor. Ja, ja. ¿Has capturado a un enemigo mayor? *(ríe sarcásticamente).*

Julio: Exacto. Traigo para ti a quien realmente mató a tu mejor hombre pues no fue Festo quien lo hizo.

Herodes: ¡Vaya! ¡Qué descubrimiento! Pues ¿quién fue entonces? ¡Pues si tú lo sabes!

Julio: Yo soy el asesino *(con gravedad).*

Herodes: ¿Qué? *(con notable asombro)*.

Julio: Sí, yo lo soy. Todo lo que has escuchado de mí ha sido una farsa y un plan urdido por mi mente. Yo soy tu rival político y tú más grande enemigo.

Herodes: Julio, ¿qué estás diciendo? ¿Es esto un abroma? ¿Qué te has vuelto loco? Si es mentira lo que dices has perdido el juicio por semejante estupidez; si es verdad doblemente torpe eres por confesarte, por ambas cosas te mataría pues no tienes derecho a semejante juego conmigo *(notablemente irritado)*.

Julio: Tengo derecho a lo que quieras, pues reo de muerte soy.

Herodes: ¡Sí que lo eres, Julio! ¡No puedo permitir personas como tú! ¡Eres un detestable traidor! Una rata inmunda que no tiene derecho a vivir. *(Brinca de coraje, está notablemente enfadado)*. Inicuo y perverso, ¿acaso quieres ganarme tajada en canalladas?

Julio: Mi deber he cumplido finalmente y mi vida está en tus manos.

Herodes: ¡Sí que lo está! Y yo mismo seré quien te mataré. Malco, tráeme mi espada, desármalo y átalo.

Malco corre de inmediato y trae la espada del Rey y la da a Herodes. Herodes la toma, cuando está a punto de matarlo se detiene.

Herodes: ¿Por qué estás aquí, Julio? ¿Por qué haces esto?

Julio: He tocado la sangre de un hombre que no es ordinario.

Herodes: *(retrocede, se incorpora)* ¿La sangre?

Julio: En mi sueño iba siguiendo lo que creía era la sangre de Festo, más perdí el camino y de pronto me encontraba siguiendo el rastro de sangre divina.

Herodes: ¿Sangre divina? Los términos me parecen familiares.

Julio: De donde emanaba también lo será.

Herodes: El rastro dejado y el destino.

Julio: El resplandor de su brillantez y su eficacia no lo desconoces.

Herodes: ¿JESÚS?

Julio: ¡JESÚS!

Herodes: ¿JESÚS?

Julio: ¡NO SINO EL!

Herodes: Nombre nombrado por príncipes.

Julio: Más que todos los príncipes de la tierra en su significado.

Herodes: ¿Más que la gloria de Cesar y de la Roma entera?

Julio: Más. Mucho más… Su sangre me ha tocado, Herodes. Esa es la razón de mi visita y de mi loca confesión.

Herodes: Me ha tocado a mí también. La sangre que he tocado cuando matarte iba me impidió hacerlo.

Julio: La sangre que impidió inculpar mi hijo y me obligó a quererlo.

Herodes: La sangre que vi derramarse mientras deseaba de Él mofarme.

Julio: La sangre de mi sueño. El sueño que cambió mi vida sin conocerle aún.

Herodes: La sangre que jamás podrá diluirse ni perecer.

Julio: La sangre que me envía a tus manos y a mi muerte.

Herodes: Vete. Vete, Julio. Vete de mí y no veré nunca más. Vete. Vete. Por primera vez en mi vida no me importa sino hacer el bien a quien no lo merece. La gracia de ese hombre te ha alcanzado y tu libertad por Él hoy obtienes.

Julio se va, y Herodes se queda en el suelo postrado llorando. Música como de final... más no es el final.

Herodías: ¡Lo he visto todo! ¡Lo he visto todo! ¡Ahora estoy más segura que nunca sé que eres un gobernante débil y torpe! ¡Qué dejar ir a tu peor enemigo!
   ¿Qué haces ahí? ¿Qué es lo que estás haciendo ahí como un animal?

Herodes: Es que tú no comprendes *(lo dice sollozando).*

Herodías: ¡Cobarde! ¡Cobarde! ¡Cobarde! Eres un hombre sin carácter. Eres la vergüenza de tus gobernadores, estas llorando, Herodes, ¿qué no lo has notado?

Herodes: ¡No soy un cobarde, cállate!

Herodías: Nada de callarme. Estúpido, levántate de aquí, yo tuve que hacer el trabajo que a ti te corresponde... ¡Malco! ¡Malco!

Malco: *(llega, se postra)* Sí, dígame, señora Herodías.

Herodías: Trae a Julio.

Malco: Sí, mi señora *(cuando dice esto, va rápido y trae arrastrando a Julio).*

Herodías: Aquí está el cadáver de tu enemigo.

Herodes: Pero, Herodías, ¿qué has hecho?

Herodías: Cállate absurdo sentimental. Ja, ja, ja.

Se retira riéndose cruelmente dejando el cadáver de Festo junto a Herodes, esperan unos instantes y se sierra de telón.

El narrador habla desde el instante en que el telón está cerrado. La música es muy importante aquí. El silencio en el auditorio debe ser absoluto.

Narrador: *(mientras el narrador habla se prepara rápido la escena)* Julio ha muerto. Finalmente el pago a todas sus maldades fue dado en la tierra ante los hombres. La Biblia dice que la paga del pecado es la muerte. Julio murió por ser un traidor, un malagradecido, un abusador, un ambicioso de poder, un asesino y cínico. Pero su muerte no trajo sino la satisfacción del odio de sus enemigos. Y ¿qué sucedió con él en la eternidad? Podemos afirmarlo. El Libro Sagrado dice: "El que tiene al Hijo de Dios tiene la vida y no vendrá a condenación pues ha pasado de muerte a vida". Julio ha sido justificado. Y ¿qué hay de Barrabás? Jesucristo murió un su lugar.

¿Y Festo? Fue librado del temor. Y ¿qué sucedió con la prostituta? Fue librada del poder del pecado. ¿Y con la mujer leprosa? Fue sanada por completo. Y ¿qué de María y Martha? Les fue restituido su hermano. Todo por la sangre del Cordero.

En ese momento se abre el telón, se dejan caer los lienzos de tela sobre el auditorio. Debe haber una música muy apropiada para esta escena.

Escena VII – Beneficios de la Sangre

Escenario: la escena VII consiste en siete lienzos de tela que deberán estar atados a una cruz de madera colocada en el centro del escenario. Cada uno de ellos tiene una palabra colocada estratégicamente. Estas palabras son:

Libertad del temor.

Sanidad.

Restitución.

Justificación.

Sustitución.

Libertad de reino Satánico.

Libertad del pecado.

Cada unode estos lienzos deberá sujetarse en el techo del auditorio atravesándolo. En el momento que el telón se abra, en el momento indicado, deberán dejarse caer los lienzos sobre el escenario continuando atados a la cruz y con las palabras indicadas en cada uno de los lienzos colocadas de tal manera que se puedan leer todos.

Narrador *(continuación después de abrirse el telón):* Todo por la sangre del Cordero. El rastro de sangre continúa suspendido en el camino hacia la cruz. Una sangre que no se seca ni se descompone. Un sangre perene, una sangre eterna que trae todo lo que el ser humano necesita.

Fin de

"El Lienzo de Sangre"

Tres Oficinas
en tiempos
de
CRISTO

PERSONAJES

Samaritana, mencionada en Juan 4.

Julio, personaje principal.

Esposo, (de la samaritana).

Pilatos, personaje principal secundario.

Mateo, personaje principal secundario.

Simeón, el anciano mencionado en Lucas 2.

José, padre terrenal de Jesús.

María, madre de Jesús.

Alguacil.

Señor 1.

Señor 2 (Versabás).

Jesús.

Persona 1, 2, 3.

Mujer 1, 2.

Fariseo 1, 2, 3.

Ángel 1, 2, 3.

Sumo Sacerdote.

Sirviente.

Cornelio, el hombre de Hechos 10.

Daria, esposa de Julio.

Saulo, el hombre de Hechos 9.

Martha, hermana de Lázaro, el de Juan 11.

María, hermana de Lázaro, el de Juan 11.

Espectro, un demonio.

Azufre, un demonio.

Apolos, un demonio.

Escena I – Jesús entre los Registros

El escenario es un cuarto que pudiere estar dentro de un edificio labrado de piedra, o bien cualquier otro reciento que de la idea de que se trata de un lugar de la antigüedad romana. Dentro de este lugar cerrado están tres escritorios rústicos y hasta vistosos en los que se encuentran trabajando uno sujeto distinto por cada uno. Deba observarse la vestimenta, y cuantos objetos rudimentarios vengan a la mente sobre este lugar. Este escenario servirá para casi todas las escenas.

Llega una señora vestida rústicamente...

Samaritana: ¡Señor funcionario de su excelentísima Roma, vengo a contraer nupcias!

Julio: De que se trata esta vez, amiga mía, pues ya has venido varias veces, ¿no te cansas de pecar, como dicen ustedes los judíos? ¿Ya te quedarás por fin con alguno? No lo digo por este mequetrefe que está ahora a tu lado, sino por tu actitud deliberante y mutable que has tenido todos estos años.

Esposo: ¡No me ofenda usted!

Samaritana: ¡Por favor no hemos venido a que ofenda a mi hombre sino a que nos case!

Julio: Pero mujer, ¿no eres tú la samaritana que ya ha venido varias veces por el mismo asunto?

Samaritana: ¡Sí, lo soy! Pero es que ahora....

Julio: Nada de ahora, la ley romana no te impide casarte cuantas veces quieras, pero ¿no crees que esto es demasiado? Por qué no te vuelves a tu lugar y lo piensas mejor, ¿No te parece que ya son demasiados errores?

Samaritana: ¿Es que me va a escuchar o no? *(Dice alzando un poco la voz).*

Esposo: ¡No te exaltes mujer, no me des mala espina, no sea que me arrepienta!

Samaritana: No es su asunto pero el hombre que ve usted a mi lado, mequetrefe o no se trata de mi primer marido.

Julio: ¿Cómo has dicho?

Samaritana: He dicho que se trata de mi primer marido.

Julio: Pero que disparates estás diciendo mujer, ¡déjame ver si no estás ebria! *(dije Julio acercando un poco a ella para ver si no está borracha).*

Samaritana: ¡Nada de eso! Hoy me vuelvo a casar y con mi primer marido, porque tal debe ser.

Julio: No te conozco bien mujer, pero, ¿qué de bueno habrás hecho tú en la vida? no creo que mucho… ¿pero esto? ¿Qué es lo que te mueve a hacer por fin algo digno de alabanza?

Samaritana: Habla tú mequetrefe… perdón, mi precioso amado mío… amorcito.

Esposo: Es nuestra voluntad volvernos a casar y queremos que quede registrado así ante esta autoridad competente.

Julio: Con gusto haré lo que desean, pero ¿no es mi deber al menos saber la causa de este cambio tan radical?

Samaritana: ¡Señor funcionario, algo maravilloso ha sucedido!

Julio: ¿Qué es? *(lo dice con cierto tono de incredulidad).*

Samaritana: Se trata de algo que jamás me hubo pasado. He conocido a la persona más especial que existe… estaba yo en el pozo de Jacob sacando agua a una hora en la que las demás mujeres no suelen ir, porque entre ellas me había hecho odiosa *(lo dice esto último en voz más baja).* Mi corazón estaba triste y herido, tantos afanes, tantas congojas, todo como producto de mi pecado. Todos mis temores y pesares provenían de mi propia condición de maldad. Sí señores fui una mujer muy falsa, muy vana... para qué seguir hablando de eso. Pero cuando estaba en el pozo, un personaje admirable me habló. No era común que una persona así me hablara, pues era Él un judío y yo samaritana. Pero Él venciendo todos los prejuicios y tabús culturales me dirigió la palabra. Luego supe que era un profeta de Dios, porque me dijo mi vida. Fue algo realmente impresionante escucharle hablar; ese hombre habla con una autoridad tan ungida que yo jamás escuché a alguien hablar así. Luego fui a todo el pueblo y les hablé de Él, les dije que éste ¿No sería el Cristo? Y el pueblo se agolpó a verle y al escucharle hablar se convencieron por ellos mismos. Mi vida desde entonces cambió. Señor funcionario, quiero decirle que mi vida cambió radicalmente.

Julio: Esa historia es interesante, es quizá la más sorprendente que haya escuchado jamás, pero dime mujer, ¿cómo se llama ese hombre que dices?

Esposo: ¡Jesús de Nazaret! Ese el hombre del que ella habla, yo también le escuché, funcionario, yo también soy un seguidor del Rabí.

Julio: Jesús de Nazaret, Jesús de Nazaret... ¿No he escuchado ese Nombre antes? Aunque cuando lo menciono aún parece temblar este lugar... denme un minuto, quiero ver si está en mis registros... *(Julio empieza a buscar en sus libros de registros de nacimientos).* ¡No! No encuentro ningún Jesús de Nazaret... ¿no será de otro lugar?

Samaritana: No. El Jesús del que hablamos es de Nazaret.

Julio: Pues no existe ese Nombre en mis registros. Debe entonces ser un hombre... cómo decirlo... cómo decirlo... ¡Sin registro! Sí esa es la palabra... Bueno, los casaré de nuevo...

Ellos se quedan ahí hablando en voz baja, la voz de los otros dos funcionarios sobresale.

Pilatos: ¿Escuchaste tú lo que yo escuché, Mateo? A mí no me gusta el chisme, pero ya sabes que uno no puede dejar de escuchar en esta oficina que más bien parece un cuchitril, tal parece que al Cesar este año no le alcanzó el presupuesto… pero… ya lo verás Mateo, yo seré grande. Estaré en un palacio, estaré delante del Cesar sirviéndole, elevándome en los cargos más codiciados del gobierno. Tú no puedes Mateo, discúlpame que te lo diga, tú eres un judío y sólo los romanos podríamos aspirar a esas cosas, claro el primer Herodes fue un hombre extraordinario, uno de los judíos más sobresalientes que ustedes han tenido… pero no te aflijas mi amigo Mateo, que ya que esté en esos sitios tan codiciados me acordaré de ti, te haré bien, ya lo verás… sabrás que Pilatos es un hombre generoso, un hombre digno de estar sentado en la silla del Cesar mismo. ¡Pero vamos, habla, no dices nada! *(Dice Pilatos alzando la voz).*

Mateo: *(dice calmadamente)* ¿A qué chismes te refieres?

Pilatos: *(enfadado)* No pones atención, Mateo, a lo que te he dicho de mí, que seré grande, ¿no lo escuchaste?

Mateo: Sí, hombre, ya sé que serás grande. Que serás el próximo Cesar, ya me los dicho mil veces, que saldrás de este cuchitril como tú dices, que serás elevado a estar con los grandes. Sí, eso ya lo has repetido muchas veces, pero pensé que te referías a algo que escuchaste de la otra oficina aquí contigua, la de Julio.

Pilatos: ¡Oh, sí, bueno, qué me importa! Al fin muy pronto saldré de aquí, este carguito que me han conferido es tan sólo el principio de una brillante carrera. Oh, sí, mi carrera… mi carrera… *(Dice Pilatos como fijando sus ojos en la nada y haciendo movimientos y ademanes, como que está en un sueño).*

Julio y la paraje terminan de hablar y Julio va junto a sus compañeros.

Julio: Me llama la atención…

Pilatos: ¿Qué?

Mateo: ¿De qué hablas?

Julio: De un cierto Jesús, del cual esta pareja me ha dado testimonio… dicen que es de Nazaret, pero yo no tengo en mis registros de nacimiento ninguno con ese nombre en ese lugar.

Mateo: ¿Qué dicen de Él?

Julio: Dicen que Él es el Mesías.

Mateo: ¿El mesías? *(lo dice sorprendido, luego pensativo).*

Pilatos: ¡Anda Judío! ¿Eso significa algo para ti?

Mateo: Podría significar algo también para ti, amigo…

Pilatos: ¿Para mí? Ja, ja, no me hagas reír, esas historias judías no me importan en lo más mínimo. ¡Para qué habría yo de interesarme en que viniera o no tu mesías, ¡pobre Judío! Me divierte lo que me dices. Nosotros somos los que dominamos el mundo entero, y yo, el hombre que ves aquí de carne y hueso un día seré llamado divino.

El otro hombre permanece escuchando, tan sólo pensativo de las cosas que escucha.

Julio: Pues esta gente me ha impresionado, su testimonio es poderoso. Jamás vi hacer a alguien semejante locura… tan sólo el amor puede hacer algo así.

Pilatos: No te dejes impresionar tan fácilmente. Ahora, ¿qué sería si el mismo Cesar viniera y nos invitara a ser los gobernantes de toda Judea?

Julio: No lo sé… No lo sé…

Mateo: El Mesías tendría que venir de Belén, ¿por qué no buscas en tus registros de Belén?

Julio: ¡Buena idea! *(Se pone a buscar de inmediato. Mientras tanto Pilatos y Mateo continúan hablando).*

Pilatos: No vayas a tomar personal lo que digo, Mateo, dentro de todo te estimo. No eres mala persona, tienes tus arranques y eres corrupto igual que los demás recaudadores de impuestos, pero dentro de todo tienes un buen ánimo y eso me gusta.

Mateo: *(contesta con una sonrisa)* Eres de los que de pronto pudieran darme una puñalada.

Julio: ¿Cómo lo descubriste? *(lo dice con una sonrisa sarcástica).*

Mateo: ¿Cuantos llevas? ¿A cuántos les has hecho eso?

Pilatos: ¡Uh! ¡Si te contara! Pero primero los halagos diciéndoles que tienen buen ánimo y que me agrada eso de ellos.

Julio: ¡Aquí está! Jesús de Belén de Judea. Sí este debe ser… el hombre ahora debe tener más de 30 años… un momento ya lo recuerdo… sí… seguro eran ellos…

Escena II - Julio es Envidado a Belén

Nota: *Esta escena es treinta años antes de la primera, cuando Julio trabajaba en la oficina de registro civil. El escenario es el mismo que la primera escena.*

Julio: ¡Vamos! ¡Rápido! No tengo su tiempo. ¿Nombre?

Persona 1: Benjamín.

Julio escribía algo en unas actas.

Julio: Dime el nombre de tus padres, de dónde son, el nombre de tu esposa, cuántos hijos tienes, cómo se llaman. Qué edad tienes, de qué edades son tu familia… vamos responde, ¡rápido! ¡Hay mucha gente esperándote!

La persona 1 contesta a sus preguntas.

Persona 2: Rebeca.

Julio: Dime el nombre de tus padres, de donde son. El nombre de tu esposa, cuántos hijos tienes, cómo se llaman. Qué edad tienes, de qué edades son tu familia… vamos responde, ¡rápido!

Persona 3: Eliseo.

Julio: ¡Basta! Luego te atiendo Judío… *(Le dice al que está próximo en la fila).*

Julio: Esta gente ya me tiene harta, hemos estado trabajando durante días enteros sin cesar. Es demasiado trabajo para nosotros… vamos, ¡Pilatos, di algo!

Pilatos: Que quieres que te diga, estoy tan exhausto como tú, parece que la fila es interminable amigo. Creo que vamos a caer muertos por cansancio, espero que después de esto tengamos unas buenas vacaciones… si no fuera por mi ilusión de tener un cargo muy importante en el gobierno ya hubiera renunciado.

Julio: La instrucción de que cada uno vaya al lugar de su nacimiento ha sido una más de las locuras de ese prepotente de Cesar.

Pilatos: ¡Cállate! No seas insensato, no te vayan a escuchar, tontito. *(Le dice tapándole la boca con su mano).*

Julio: ¡Quítate de aquí! Yo tengo derecho a decir lo que se me pegue la gana, no es otra cosa que la verdad, nada más que la verdad.

Se forcejean un poco.

Pilatos: Tú no entiendes que el Cesar es un dios y que puede hacer lo que le plazca, hasta esas locuras como tú las llamas.

Julio: Tú no sabes lo que implica todo este trastorno, ese loco ha puesto al mundo de cabeza.

Pilatos: ¡Pero como te atreves! *(Pilatos saca su espada).*

Alguacil: *(aparece en la escena)* ¡Vamos que están haciendo! ¡Esos juegos no son para aquí! Si quieren matarse háganlo fuera, y de acuerdo a las leyes romanas.

Julio: ¡Por Zeus! Qué haces aquí Alguacil, se supone que no regresarías en mucho tiempo.

Alguacil: Me han dado órdenes de venirte a ayudar, yo me quedo aquí y tú te irás a Belén de Judea.

Julio: ¡Pero qué voy a hacer yo a ese pueblucho!

Pilatos: Tómalo con calma, ahí tendrás menos trabajo. La vas a pasar bien, ya lo verás.

Alguacil: Pues yo me quedo aquí en tu lugar, creo que es un buen gesto del Cesar aligerar un poco la carga de los funcionarios. ¡Hey! ¡Momento! ¿Qué estás haciendo? *(dice esto cuando repentinamente ve a una mujer robando la bolsa de otro)* ¡Alto pilla! ¡Te he agarrado infraganti!

Mujer 1: Perdóneme señor, por favor, es que tengo hambre, no he comido en tres días, no tenía dinero para viajar y tuve que hacerlo de todos modos debido a la orden del Cesar.

Julio: No es broma lo que digo.

Alguacil: Devuelva ese dinero ahora mismo, te tendré compasión por esta vez, pero si reincides, te pondré en la cárcel. *(Le habla ásperamente).* ¡Vamos, vete de aquí! *(le da un punta pies a la mujer que está arrodillada pidiendo clemencia).*

Simeón, *(el hombre al que la mujer estaba robando)*: Mujer, espera, ¿de dónde vienes tú? *(le habla calmadamente).*

Simeón es el anciano de la Lucas 2:25

Mujer 1: Yo vengo de Sidón, señor… estoy tan apenada… perdóneme yo no quise robarle, esa nunca fue mi costumbre, pero tengo hambre.

Simeón: ¡Vaya! Sidón está muy lejos de aquí. Debes de estar muy hambrienta mujer, déjame darte un poco de lo que traigo aquí.

Saca algo de una bolsa de tela que le cuelga al hombro y ella empieza a comer con ansias.

Simeón: Yo tengo suerte de haber nacido aquí, en Jerusalén y no tengo que moverme a ningún otro sitio. Creo que si estuviera en tu lugar un viejo como yo quizá no hubiera resistido el viaje. Pero te diré algo mujer, no me puedo morir todavía.

Mujer 1: ¿Cómo es eso señor mío?

Simeón: Ah, es que tú no sabes que el Señor, el Todopoderoso me ha hablado y me ha dicho que no moría sin antes haber visto mis ojos al Mesías.

Mujer 1: Pero señor mío, con todo mi respeto, pero el mesías, el Rey enviado por el Señor... ¿qué tal si no lo quiere ver a tí?

Simeón: No mujer, no será como tú lo piensas, el Mesías no será el rey arrogante e inaccesible que son los reyes de la tierra, Él vendrá, no sé cómo vendrá ni qué circunstancias me guiarán a Él, pero cuando sea el tiempo, el Señor me avisará, me dirá que hacer y yo lo haré. Esa ha sido mi fe por muchos años y así será.

Mujer 1: Pero la profecía dice que habrá de nacer en Belén...

Julio: ¿Belén? ¿De qué hablan? Allá es a donde voy, a Belén de Judea.

Simeón: El Mesías nacerá en Belén de Judea.

Julio: ¡Hablan acerca de su religión!

Simeón: Dios siempre cumple lo que promete, si el Señor ha dicho que nuestro rey nacerá en Belén de Judea así será.

Julio: *(con tono incrédulo)* Desde luego que yo no creo en esas pamplinas, cómo un rey habría de nacer en un pueblucho como Belén. ¿Cómo la gente sabrá que él es el rey que tú dices?

Simeón: La profecía dice también que la gracia del Señor será sobre Él, será llamado Admirable, Consejero, Dios fuerte, Padre Eterno y Príncipe de Paz.

Mujer 1: ¡Él nos libertará de la opresión de Roma!

Julio: Ja, ja, ja *(ríe estrepitosamente).* ¿Un bebé que nacerá presuntamente en Belén les librará de Roma? ¡Qué locuras dicen!

Pilatos y Alguacil: Julio, no pierdas el tiempo hablando con esos judíos, por qué no vienes a jugar con nosotros.

Estaban jugando a echar suertes, luego Julio va con ellos y se termina la escena.

Escena III - Julio ve al Mesías

Julio: ¡El que sigue… vamos rápido que no tengo tu tiempo!

José, María y el bebé Jesús llegan al recinto.

José: ¿Cómo te sientes María? apenas si algunos días haz dado a luz y debes estar muy débil, si no fuera por todos los inconvenientes que tuvimos que afrontar, ahora estuvieras disfrutando de un buen descanso en nuestra ciudad, pero hemos venido aquí, no porque el Cesar tuvo una noche de locura, sino porque el Señor así lo ha querido.

María: Sí, mi amado esposo, estoy muy débil, me gustaría reposar en casa, pero era necesario que estuviéramos aquí… sabes, te diré algo que no dije nunca a nadie.

José: Qué dime, esposa mía.

María: Un ángel me visitó antes de que nos uniéramos.

José: ¡Un ángel de Señor! ¿Y qué fue lo que te dijo, María?

María: Me dijo: "No temas porque has hallado gracia delante de Dios. Y ahora concebirás en tu vientre y darás a luz un hijo, y llamarás su nombre "JESUS". Este será grande, y será llamado Hijo del Altísimo; y el Señor Dios le dará el trono de David su padre; y reinará sobre la casa de Jacob para siempre y su reino no tendrá fin" Luego yo respondí al ángel: ¿cómo será esto? Pues yo no conozco varón. Y él me contestó: "el Espíritu Santo vendrá sobre ti, y el poder del Altísimo te cubrirá con su sombra; por lo cual también el Santo Ser que nacerá será llamado Hijo de Dios".

José: Esto es realmente hermoso esposa mía María, pues yo también tuve una visión celestial. Todo estuvo planeado por el Señor. Él es real y ahora este bebé que está a nuestro cuidado será llamado Hijo de Dios. ¿No es esto realmente sorprendente? Pues, ¿quiénes somos nosotros?

Julio: ¡Vamos! ¡Hey! ¡Ustedes! ¡Par de bobos! ¿Qué están haciendo ahí parados? este no es un parque, si quieren ser registrados, a la fila, sino, lárguense de aquí. *(Lo dice con bastante enfado).*

María y José se forman en la fila, en la fila está otra mujer.

Mujer 2: ¡Oh, qué hermoso bebé! Supongo que es hijo suyo, ¿verdad?

María: A decir verdad es Hijo de Dios.

Mujer 2: ¡Ah! Es bueno usar esas bellas frases para dirigirnos a nuestros hijos, seguro lo educarán muy bien. ¿Ya lo presentaron en el templo?

José: Aún no mujer, pero habremos de ir puntualmente, nosotros somos buenos judíos.

Mujer 2: Les dijo un secreto *(dice en voz baja)* yo no frecuento mucho el templo, a mí me aburren mucho esas cosas, digo, es la verdad... pero tengo una tía que se la pasa en el templo de día y noche. Se llama Ana, y también es profetiza. Ella debe tener como... déjame ver... sí, algo así como ciento y tantos años. Fue casada sólo siete años, pero al morir su marido no quiso casarse de nuevo, se dedicó a servir a Dios. Qué gente tan admirable, ¿vedad? Muy pocos como ella.

Julio: Dime el nombre de tus padres, de donde son. El nombre de tu esposo, cuántos hijos tienes, cómo se llaman. Qué edad tienes, de qué edades son tu familia... vamos responde, ¡rápido! ¡Hay mucha gente esperándote!

Mujer 2: No tengo a nadie, señor, yo sola, Me llamo Lea, tengo 50 años. Mi marido y mis hijos murieron todos debido a una epidemia, yo sobreviví milagrosamente...

Julio: Señora, no sea tonta, a mí no me interesan sus historias, yo estoy aquí tan sólo para cumplir un trabajo. Yo no sé por qué a los judíos les gusta contar muchas historias... también me contaron de que en este pueblo habría de nacer un tal Mesías, el Salvador... hazme el favor, nada más falta que sea yo quien lo registre y ¡peor aún, que esté ahora en la fila! Ja, ja, ja, que historias tan absurdas.

María: Pues aunque te parezca absurdo. El bebé que ahora tenemos con nosotros es precisamente el Mesías, su nombre es Jesús.

Julio se queda mudo por unos instantes.

Julio: Confieso que mi costumbre es hablar irrespetuosamente a la gente, pero ahora estoy sorprendido de mí mismo, tu haz hablado con una autoridad que yo no conocía. ¿Puedo ver ese bebé que ustedes traen en brazos?

José: Por su puesto, puedes verle...

Julio: Mi esposa y yo no hemos podido tener bebés, por lo que cuando veo un bebé me quiere dar una rabia, pero al ver este bebé todo es diferente.

María: Este es un bebé especial, es el Hijo de Dios.

Julio: *(está viendo al bebé y parece no escucharle)* Este niño tiene una gracia especial, no sé cómo explicarlo. Tan sólo verlo... es algo maravilloso.

José: No sólo es un bebé con gracia, ¡Él es el Salvador que Dios ha enviado para salvar este mundo de maldad! *(dice vehementemente, conmueve).*

Julio: Oh, vamos, no es para tanto, que sea un niño hermoso y parezca especial, no le hace el Salvador del mundo. Eso que dices va demasiado lejos, nadie puede liberar al mundo, nadie puede cambiarlo. Muchos hombres han querido lograrlo... sí, en toda la historia de la humanidad, pero nadie ha podido, en cambio lo han empeorado. Lo cierto es que Roma ha cambiado al mundo, que el mundo es antes y después de Roma, nosotros hemos educado y organizado toda la tierra. Ustedes se quejan de la subyugación romana, pero qué sería de ustedes sin nuestro gobierno.

La fila es larga y continúa haciéndose más larga en cuanto ellos hablan.

La gente de la fila: Ya fue mucha plática / nosotros también tenemos cosas que hacer / rápido / vas a estar todo el día nada más con una persona / etc.

Julio: ¡A callar! ¡Bola de miserables judíos! ¡Yo soy la autoridad aquí y les voy a tener esperando hasta que se me dé la gana! *(Lo dice enfadado).*

Julio: *(continuando)* Vamos a esperar hasta que sea grande, qué sea de Él... ustedes dice sus deseos y es natural pues es su hijo... pero yo tengo serias dudas.

María: Si no lo quieres creer ahora, espero después no sea demasiado tarde.

Julio: Mujer no entiendo tus palabras.

José: Tú pareces ser una persona noble pero te falta decisión, sino vences eso, creo que perderás las más grandes oportunidades de tu vida.

Julio: *(haciendo un gesto)* Nada más eso me faltaba, que estos judíos me quieran enseñar. Apenas chuleo su bebé y ya se creen con autoridad... ¡aquí la autoridad soy yo! *(lo dice gritando)* ¡Vamos! Lo voy a registrar...

Se cierra el telón.

Escena IV – Mateo, el Cobrador Cambiado

Escenario: de nuevo están haciendo una fila, ahora para ver a Mateo. Pilatos y Julio están en sus respectivos escritorios, como trabajando, escribiendo… eventualmente se acerca alguna persona con ellos pero ninguno de ellos se le escucha hablar, por ahora.

Mateo: Son 4 blancas, señor.

Señor 1: ¿Cómo? Eso…

Mateo: *(dice tranquilamente)* ¿Qué?

Señor 1: Está bien *(completamente extrañado, se va).*

Mateo: Déjame ver, ¿cuál es tu nombre?

Señor 2: Me llamo Versabás.

Mateo: Versabás… un momento… déjame investigar en mi archivo… sí, te tocan 8 blancas de impuesto.

Señor 2: ¡8 dracmas! Ustedes son unos abusivos, se aprovechan de nosotros, tan sólo porque somos más humildes, eres un ladrón lo mismo que los demás que han estado antes que tú *(lo dice enfadado).*

Julio: ¡Tú le cobrarías ese hombre lo triple tan sólo por haberte subido el tono de la voz! *(se dirige a Pilatos).*

Pilatos: ¿Qué tres veces? ¡Yo le quitaría todo lo que tiene! *(muestra cierta risa burlona).*

Mateo: Mi querido señor Versabás no he dicho 8 dracmas, sino 8 blancas, he dicho 8 blancas. ¿Eso es gravoso para ti?

Versabás (señor 2): ¿Cómo dijiste?

Mateo: *(lo repite con paciencia)* 8 blancas.

Julio y Pilatos: ¡8 blancas!

Versabás: ¡Claro! *(Saca dinero de una bolsita).* Aquí está el dinero, ¿ya me puedo ir?

Mateo: Claro, vaya con Dios…

Versabás: ¿Qué? ¿Vaya con Dios? *(pone cara de interrogación y sale como asustado).*

Julio: Mateo.

Mateo: Sí, dime, Julio.

Julio: ¿Qué es lo que te pasa?

Pilatos: Sí, dinos qué es lo que te pasa.

Mateo: Pasarme a mí, ¿de qué están hablando?

Pilatos: ¡No te hagas el tonto, pues de qué va a ser, pues de tu cambio!

Julio: Apoco no te das cuenta que te estamos preguntando porqué estas cobrando lo justo.

Mateo: Pues porque es lo justo.

Pilatos: Mira Mateo, nosotros no somos unos niños, ninguno que ha estado en tu puesto ha cobrado lo justo y tú tampoco lo hiciste sino hasta ahora.

Mateo: ¡Ah! Ya entiendo a lo que se refieren. Pues verán ustedes, algo ha estado sucediendo en mí desde que escucho las enseñanzas de un rabino llamado Jesús.

Julio: Un rabino llamado Jesús… Jesús… Jesús… *(Dice pensativo).* ¡Ah! ¡Sí, claro! Ese Nombre se ha venido haciendo famoso de alguna manera en mi vida.

Pilatos: Yo también lo he escuchado de vez en cuando, creo que no se posible evitar que su fama llegue a nuestros oídos, pero francamente no tengo ni la menor idea qué representa ese personaje en la vida diaria de la gente en estos lugares.

Mateo: El Nombre de Jesús es poderoso. Él sana a los enfermos, libera a los que están poseídos por espíritus malos, resucita a los muertos y enseña a todos el evangelio.

Julio: ¡Por Zeus! Que locuras dices Mateo, ¿te has vuelto loco? Eso no puede ser...

Pilatos: De lo que estás hablando es de cosas sobrenaturales, ¿tú lo has visto con tus ojos? ¿No estarás hablando de meras coincidencias?

Mateo: Nada de eso, mis amigos...

Pilatos: ¿Amigo? Yo pensaba que me odiabas.

Mateo: Pues debo confesar que si te odiaba, siempre tuve muchos rencores en mi corazón contra ti, pero te he perdonado Pilatos, ya no tengo ningún mal sentimiento para contigo.

Pilatos: ¡Oh! ¡Eso sí que es impresionante... es más, no lo puedo creer! En realidad no lo puedo creer *(dice con cara de asombro)*.

Mateo: Les digo que mi vida ha estado cambiando desde que conocí a Jesús de Nazaret.

Julio: Les platico... ¿se acuerdan de la anécdota que les conté de cuando un bebé llamado Jesús fue llevado con sus padres para registrarse y yo les dije que mi esposa y yo no habíamos podido tener hijos? Pues algo milagroso sucedió, pues luego de ese suceso mi esposa se embarazó y tuvimos nuestro primer hijo... saben, que yo sí creo en los milagros... ¿no será, Pilatos, que ese hombre sí hace milagros, no será un dios?

Pilatos: ¿Un dios más del Panteón? No digas tontería, que hayas tenido tu hijo precisamente después, es tan sólo una mera coincidencia, no debes de influenciarte por esas cosas, Julio, nosotros somos romanos... Mateo, con todo respeto, pero, ustedes son inferiores, ustedes son tan sólo judíos.

Mateo: Pues a pesar de las ofensas que me has propinado todo este tiempo, Pilatos, quiero decirte que ese hombre es realmente el Salvador del mundo, tú también necesitas salvación. Julio, tú si crees, ¿crees en Jesús de Nazaret?

Julio: *(está pensativo)* Realmente no lo sé, Mateo... ese hombre debe ser una persona especial, pero de ahí a que sea el Hijo de Dios, eso es otra cosa, ¿no crees estar yendo demasiado lejos con eso?

Mateo: ¡Es verdad, amigos, les digo que es verdad! Basta ver las señales que respaldan la veracidad de sus palabras. Basta escuchar el fuego con que habla, su autoridad es irresistible, jamás hombre alguno ha hablado como este hombre. Su mirada de amor, la dulzura de sus palabras, su vida perfecta, sus pensamientos maravillosos, todo en Él es grandioso y especial. Pero a pesar de toda su grandeza es un hombre sencillo, humilde... es el Dios personal de que hemos venido hablando los judíos por varios milenios desde Abraham, y desde la línea de Adán. Quiero que lo conozcan, se convencerán.

Se escucha un tumulto de gente.

Pilatos: ¿Qué es ese ruido de gente que se escucha?

Julio: Parece una sedición, ¿no será ese Jesús que ha tomado gente para venir a derrocarnos?

Mateo: Sus armas no son físicas, sino de amor, Él ha venido a dar luz al alma en oscuridad, a libertar al cautivo, a dar vista a que está ciego, a darle buenas noticias a los pobres y a predicar el año en que Dios será aún más benévolo con la humanidad.

Pilatos: Jamás te había oído hablar así.

Julio: El ruido es más intenso, parece que se acerca a nosotros, Pilatos.

Entonces entra el mismo Jesús a donde están ellos.

Mateo: *(al verle)* ¡Oh!

Julio: ¿Lo conoces?

Mateo: Desde luego, es…

Pilatos: ¿Quién?

Mateo: ¡Es Jesús! *(lo dice con gran entusiasmo).*

Jesús: Él que quiera venir en pos de mí niéguese a sí mismo, tome su cruz cada día y sígame. Yo soy la puerta y el que por mí entrare será salvo. Yo soy el pan de vida, el que comiere de mí jamás tendrá hambre; yo soy el buen pastor y el buen pastor su vida da por las ovejas. Yo soy la luz de este mundo el que me sigue no andará en tinieblas sino que tendrá la luz de la vida; y el ladrón no ha venido sino para hurtar, matar y destruir, yo he venido para que tengan vida y para que la tengan en abundancia… ¿Julio, quieres seguirme?

Julio: Señor, no lo sé… ¿cómo es que sabes mi nombre?

Jesús: Lo sé desde antes que estuvieras en el vientre de tu madre.

Julio: Señor, estoy indeciso, no sé si seguirte o no, este trabajo me deja buenas ganancias, lo he tenido desde hace tiempo… tengo a mi familia, mi esposa e hijos. Por cierto, yo te registré cuando eras un bebé… claro tú no recuerdas…

Jesús: Julio, desde ese día yo les sané. Por eso es que ahora tienen 4 hijos.

Julio: Señor, ¿cómo es que puedes saber eso? ¡No lo puedo creer! *(lleno de asombro).*

Jesús: Si crees verás la gloria de Dios… el que cree en el Hijo de Dios tiene vida eterna.

Julio: ¡Quiero creer! ¡Quiero creer!

Entonces Mateo se postra a sus pies y dice:

Mateo: Raboní, tú eres el Salvador de mundo.

Jesús: Sígueme.

Mateo entonces avienta la mesa en donde estaba trabajando

y se tira el dinero. La gente que está cerca se amontona para recoger el dinero, pero Mateo no quita su vista de Jesús y le sigue.

Escena V - La Decepción

Escenario: este lugar es diferente, una oficina más lujosa, más para un gobernante poderoso.

Julio: Haz tenido mucho trabajo estos días Pilatos, ¿cierto?

Pilatos: A decir verdad nunca había estado más ocupado en mi vida, Julio. Estaba más tranquilo cuando no tenía este cargo que ahora el César me ha conferido, ya no sirvo en aquella *oficinucha* donde trabajamos juntos. Sabes *(lo toma del brazo y se le acerca al oído),* yo esperaba que tú también crecieras Julio, pero tú te quisiste quedar ahí... pero en cuanto a tener más trabajo, sí, amigo mío, tengo muchísimo más trabajo ahora...

Julio: Nunca tanto como yo lo estuve hace 33 años, cuando el Cesar mandó que todos fueran a registrarse al lugar de su nacimiento. De ahí en fuera tan sólo el trabajo habitual, la gente se casa, luego se divorcia, hay nacimientos, defunciones... ese tipo de cositas, pero nada extraordinario *(sonríe).*

Pilatos: *(lo dice con cierto enfado)* Es que me tienen harto.

Julio: Supongo saber de lo que hablas, pero dímelo tú mismo.

Pilatos: Oye por cierto, Mateo ya no volvió, ¿verdad? Es increíble que estuviera hablando realmente en serio. ¡Oye, que seguir a ese hombre! realmente no lo puedo creer.

Julio: ¿Y Zaqueo?

Pilatos: Ese también se volvió loco, ¿creerás que luego de ser el recaudador de impuestos más corrupto que hayamos tenido, luego se puso a dar por cuadriplicado a todos los que hubo robado? Esa es la cosa más absurda que yo haya visto en la vida. También que porque ese Jesús le visitó en su casa… ¡oh vamos! *(lo dice con mucha incredulidad).*

Julio: Eso es realmente sorprendente Pilatos, no creo que seas un tonto para no entender que eso es realmente un milagro, Zaqueo jamás haría eso estando en su sano juicio. Pero qué tal si ese hombre, Jesús realmente es quien dice ser.

Pilatos: ¿El Hijo de Dios? Oh, vamos, Julio, no seas tonto, nosotros sabemos que el dios es Cesar, el estado, eso es lo único que importa en esta vida.

Julio: Vamos, Pilatos, nosotros hemos trabajado en la oficina del gobierno toda la vida y estamos demasiado influenciados por la figura del Cesar, pero que tal si allá afuera está algo más que un simple carpintero.

Pilatos: Mira, si fuera así…

Julio: ¿Qué? Yo sé por qué estas preocupado… han venido a hablar contigo muy seguido esos hombres, ¿no es así?

Pilatos: Parece que los has invocado, ahí vienen de nuevo, y lo traen con ellos.

Viene una comitiva de personas, y traen a Jesús atado.

Sumo sacerdote: Hemos venido de nuevo oh gran Pilatos, el más grande de los gobernantes que Judea ha tenido.

Pilatos: Es bueno que lo digan porque así es *(lo dice con arrogancia).*

Sumo sacerdote: No queremos molestaros, ¡oh gran Pilatos! pero venimos de nuevo con este caso… el caso de este hombre.

Pilatos: Habla, ¿de qué se trata ahora?

Fariseo 1: Pues es acerca de lo mismo, este hombre merece morir porque ha atentado contra la paz de nuestro pueblo.

Fariseo 2: Ha dicho que Él mismo puede destruir el templo y volverlo a construir en tres días… podemos entender que quiere destruir nuestro templo sagrado y esto traerá una gran confusión a toda la provincia que vos sabiamente gobernáis.

Pilatos: Oh, vamos, son cosas relacionadas con su religión. Yo no estoy sentado aquí para escuchar esas cosas religiosas. ¿No saben ustedes que para que yo pueda juzgar a un hombre tiene que haber cometido alguna falta contra nuestras leyes, las leyes romanas?

Fariseo 3: Ha dicho que tiene un reino, esto es rebeldía, porque no hay más rey que el Cesar.

La multitud: *(gritando)* ¡Viva el Cesar!

Fariseo 3: Ha prohibido también pagar los impuestos.

Pilatos: ¿Es eso verdad? *(pregunta a Jesús, pero Jesús no contesta).*

Pilatos: No sabes tú que yo tengo el poder para quitarte la vida. A mí se me ha sido dada esa autoridad. Yo tengo autoridad sobre tu vida.

Jesús: Ninguna autoridad tendrías contra mí, si no te fuese dada de arriba, por tanto, el que a ti me ha entregado, mayor pecado tiene.

Pilatos: *(tiene a su lado sentado a Julio, le dice en voz baja:)* No entiendo lo que este hombre dice, ¿tú le entiendes?

Fariseo 3: Queremos que le juzgues culpable y le crucifiques.

La gente: ¡Sí, crucifícale!

Pilatos: ¿Crucificarle? ¡Por Zeus! ¡Vaya que están ustedes enfadados con este hombre por cuestiones de su religión! ¿Qué no dice en alguna parte en sus escritos sagrados que deben perdonar a sus compatriotas?

Fariseo 1: Este hombre es una amenaza para el gobierno, en cualquier momento puede tomar gente y rebelarse contra la autoridad. Tú eres testigo de las sediciones que ha habido en los últimos años.

Pilatos: ¿Sedición? *(Pilatos se ríe).* ¿Este hombre? Este hombre que ustedes me han traído para que le juzgue culpable ningún mal ha hecho. Por cierto ya se los había dicho, ¿Qué no les dije que lo juzgara Herodes?

Fariseo 1: Y ciertamente lo llevamos a Herodes, pero el rey Herodes no quiso saber nada de Él, así es que nos remitió a ti. Este hombre merece morir.

Pilatos: Pero si ya lo azoté y lo saqué al pueblo para que vieran que lo he castigado. *(Hablando luego con Julio en voz baja).* Estos religiosos no comprenden que no puedo juzgar a muerte a un hombre culpable siendo inocente.

Julio: Acuérdate que tenemos sentenciado a un tal Barrabás, que es un repudio para la sociedad, quizá quieran dejar libre a Jesús si les das como opción entre éste y aquel *(le dice en voz baja).*

Pilatos: Por cierto, durante estas fechas se acostumbra que se dé libertad a hombre *(dice en voz alta a los judíos).* ¿A quien quieren, que suelte a Barrabás o a Jesús?

La gente: ¡A Barrabás!

Pilatos: Y ¿qué haré de Jesús llamado el Cristo?

La gente: ¡Crucifícale!

Entra un sirviente.

Sirviente: Este es un recado de tu esposa.

Pilatos: Vamos, léemelo Julio, porque este asunto me tiene muy turbado. *(Le dice en voz baja).*

Julio: Dice: "Pilatos, no tengas nada que ver con ese justo; porque hoy he padecido mucho en sueños por causa de él".

Pilatos: Allá ustedes. ¡Sirviente!

En sirviente le trae un recipiente con agua.

Pilatos: Por mi parte *(lo dice lavándose las manos)* yo no tengo nada que ver con este hombre, ustedes y no yo lo han sentenciado. Inocente soy de la sangre de este justo.

Se supone que está delante del pueblo, por lo que se deben oír la algarabía y voces de mucha gente. Entonces Pilatos firmó la sentencia y se las aventó a los fariseos, entonces ellos se fueron y se quedó Julio y Pilatos.

Pilatos: ¡Qué he hecho! No juzgué como debería, esto va a llegar a oídos del Cesar y me destituirá de mi puesto. Este asunto podría ser el término de mi carrera.

Julio: Tú nada más estás pensando en tu posición y en tu carrera... ¿no piensas que ese hombre es extraordinario? ¿Cómo es posible que no se haya defendido de sus acusadores?

Pilatos: Ese hombre... no creo que esté en su sano juicio, quizá dentro de su mente tenga alguna idea rara que lo haga actuar así.

Julio: Quizá tengas razón... no lo sé... algo había diferente en ese hombre, Pilatos, te lo aseguro. Ese hombre... ese hombre... podría ser el Hijo de Dios.

Pilatos: No me turbes más, que si fuera Hijo de Dios, ¿tú crees que estuviera en esta situación? Si fuera Hijo de Dios de inmediato fuerzas poderosas lo hubieran ayudado, pero ya lo viste tú, completamente indefenso, como un Cordero llevado al matadero.

Julio: Es cierto, quizá tengas razón.

Pilatos: Vámonos de aquí, me siento muy mal, necesito descansar un poco.

Escena VI – La Última Oportunidad

Escenario: se encuentra Julio escribiendo en su escritorio, ya se ve viejo.

Julio: Querido Flavio, las cosas no han cambiado desde que te fuiste a tu viaje, quizá para ya no regresar. Aunque parece que tu madre está más enferma, hijo, deberías al menos, por ella, regresar, porque siento que en cualquier momento puede morir y sin verte la última vez. Supe que te convertiste al cristianismo, sabes, haces bien… te confieso que yo nunca he creído bien en esas cosas pero ahora con tu cambio, creo que hasta me dan ganas de hacerme como tú. Ya te he contado que yo mismo registré a este hombre cuando empezaba a trabajar en esta oficina, por cierto, esta semana cumplí 55 años de servicio, de pronto quisiera ya descansar, pero sabes que no quiero, este trabajo ha sido mi vida y creo que si lo dejo no tardaré mucho en irme a la tumba.

Entra Cornelio.

Cornelio: ¡Amigo mío Julio! ¡Viene a visitarte amigo! ¿Cómo estás? Espero no interrumpir algo importante, ¿estás trabajando?

Julio: A decir verdad no, estaba escribiendo una carta a mi hijo, quiero persuadirlo que nos venga a ver, mi esposa está muy enferma y temo que no tenga ya muchos días de vida.

Cornelio: Ya entiendo.

Julio: Pero la carta ya está terminada amigo. ¡A mí también me da gusto verte! *(le vuelve a dar un abrazo).*

Cornelio: Que novedades me cuentas.

Julio: No sé si sabías que Pilatos murió. Pobre de él, dentro de todo fue un hombre bueno… siempre muy incrédulo, rezongón, enojón, mi amigo… pero otras veces pusilánime y hasta tonto. Siempre tuvo la ilusión de convertirse en el Cesar, pero su carrera fue seriamente afectada desde que juzgo a muerte a un hombre inocente, a Jesús de Nazaret.

Cornelio: Ciertamente Jesús de Nazaret murió, pero resucitó Julio. ¡Jesucristo está vivo!

Julio: ¡Tú también! ¿Tú también eres uno de esos cristianos? Pensaba que nada más mi hijo estaba un poco loco… bueno a él se la paso porque es mi hijo y lo amo, pero ¿tú? Esto es increíble. Cornelio, tú eres un centurión romano, nunca había escuchado que un centurión romano se haya convertido a esa secta.

Cornelio: Oh, Julio, si te contara, si te contara, esto es mucho más de lo que tú crees.

Julio: ¡Pues cuéntame! *(lo dice con entusiasmo).*

Cornelio: Estaba yo orando a Dios y se me apareció un ángel del Señor en visión y me dijo: "Tus oraciones y tus limosnas han subido para memoria delante de Dios. Envía, pues ahora hombres a Jope, y haz venir a Simón, que tiene por sobrenombre Pedro…" Entonces mandé por él y vino. Luego él nos compartió acerca de Jesús, que murió por nuestros pecados y que ahora está sentado a la diestra de Dios en las alturas; que es necesario que nos arrepintamos de nuestra maldad y pidamos a Dios perdón de todos nuestros pecados, y que imploremos luego misericordia al Señor.

Julio: Cornelio, es muy bello lo que me dices, pero ya sabes que hay persecución para los cristianos en Judea y si descubren que eres de ellos te podrían matar.

Cornelio: No me importa morir por Cristo, Él dio su vida por mí, yo estoy dispuesto a dar la mía por Él. Y aunque eso sucediera, aun así no podría pagar lo mucho que mi Señor ha hecho por mí. Julio, tú has visto tantas cosas, tú mismo fuiste testigo del martirio del Señor. Ahora ya estás viejo, Dios te ha dado muchas oportunidades, y hoy puede ser la última, ¿por qué no creer en Jesús y convertirte en un cristiano?

Julio: No lo sé, Cornelio… aún tengo dudas.

Entra Mateo.

Mateo: ¡Julio! ¿Te acuerdas de mí? ¡Soy Mateo! ¡Ah pero está también aquí Cornelio! *(saluda también a Cornelio).*

Julio: ¿Qué si me acuerdo de ti? Cómo no habría de acordarme, eras un chamaco cuando nos conocimos. Pero vamos dame un abrazo, ¡amigo mío! ¿Por qué no habías venido a visitarme? Ya sabes dónde estoy, de hecho no me he movido de aquí en todos estos años. ¿Si sabías que Pilatos murió?

Mateo: Es triste cuando muere una persona sin Cristo.

Julio: ¡Válgame! ¿Seguiste siendo uno de los seguidores de Jesús? ¿Aún después de que murió?

Mateo: Ciertamente murió pero ha resucitado, Julio. Fui a sus pies desde que Él me llamó y hasta el día de hoy le he seguido; y en su gracia, me hizo uno de sus Apóstoles. Julio, hoy he sentido en mi corazón venir a hablarte del Señor, el Señor te llama, ¿Por qué no te humillas ante Él y dejas que sea tu Señor y Salvador?

Julio: ¿Hablas de convertirme al Cristianismo?

Mateo: No es convertirte al Cristianismo, es dejar que el Señor reine en tu corazón, tal y como lo hizo Cornelio aquí presente.

Julio: Mateo, yo siempre te he respetado, aun cuando Pilatos te juzgo loco por haber dejado todo y seguido a Jesús, yo te guarde cierto respeto… y porqué no confesarlo, hasta admiración… comprendo lo que me dices, pero creo que aún no es el tiempo, viniste en un mal momento, mi esposa está enferma y estoy algo atribulado.

Mateo: ¿De quién estás hablando? ¿De ella?

Entra la esposa de Julio.

Daria: *(entra corriendo)* ¡Julio! ¡Julio! ¡Mírame!

Julio: *(lo dice asombrado)* Pero que te ha sucedido, ¿no estabas tú en cama?

Daria: Sí, tú fuiste testigo de cómo estaba yo enferma, a punto de morir, pero ¡Jesús me ha sanado! Unas mujeres vinieron a orar por mí estando yo en mi lecho y al instante el Señor me sanó. Sí, estoy tan contenta Julio. ¡Esto es verdad!

Mateo: El Señor es Todopoderoso, digno de ser adorado y honrado. *(Alzando las manos al cielo)* ¡Gracias Jesús!

Julio: ¡Aún no puedo creer que fue lo que sucedió! ¡Daría estás completamente sana! ¡Déjame verte bien! Ya no tienes las llagas, no comprendo que fue lo que ocurrió.

En eso entra un grupo armado, pero no son romanos.

Saulo: Disculpe, señor magistrado, pero buscamos a un hombre llamado Mateo.

Mateo: Yo soy, ¿qué es lo que quieren de mí?

Saulo: ¡Ah eres tú! Miserable cristiano, ya verás lo que sucederá contigo, *(le dice mientras lo empiezan a forcejear).*

Daría: Déjenlo, pues si van a hacerle algo a él, tendrán que pasar por sobre mi cadáver.

Todos los hombres que vienen con Saulo y Saulo mismo: Pero señora, ¡qué estás diciendo!

Saulo: Pero ¿cómo es posible?

Daría: Pues ¿cómo? Pues que yo también como Cornelio, soy un seguidor de Jesús de Nazaret.

Saulo: ¡No lo puedo creer!

Cornelio: Ahora ya somos más los romanos que seguimos al Cristo resucitado.

Saulo: Y ¿tú Julio? ¿También tú eres un cristiano? *(lo dice con mucho desprecio).*

Julio: Yo ¿un cristiano? *(queda un poco pensativo)* ¡Oh vamos! Yo siempre he sido un adorador del sistema romano, creo en Zeus, Apolos, Diana, ellos son mis dioses.

Cornelio: ¡Ah, por cierto! Mateo, ve en paz, mi hermano que Saulo no podrá hacerte nada mientras yo viva.

Escena VII – Un Sepelio

Daría: *(vestida de negro y hombres cargando un féretro)* Apenas hace unos días estaba chanceando conmigo, siempre fue un hombre bueno.

Cornelio: Que bueno sería que bastase con ser bueno, Daria, nunca quiso aceptar al Señor, aunque tuvo suficientes oportunidades.

Daria: Mi esposo pudo palpar el poder de Dios, cuando Cristo Jesús era un bebé, él fue quien lo registró en Belén. Luego, vio al mismo Señor Jesús llamando a Mateo, supo de los milagros que el Señor hizo en toda Judea y Samaria… pero…

Cornelio: Tristemente nunca quiso tener a Cristo como el Señor de su vida.

Daria: ¡Pero fue un buen hombre! *(Daría empieza a llorar descontroladamente).*

Martha: Nosotros también tuvimos un muerto.

María: Sí, nuestro hermano Lázaro murió de una enfermedad terrible. Le avisamos a Jesús pero Él no vino…

Martha: Se tardó cuatro días en venir.

María: Y ya el cuerpo de nuestro hermano olía muy mal.

Martha: Pero cuando Él vino me dijo que ordenara mover la piedra del sepulcro. Lo hice tan sólo porque Él lo quería y yo creí que Él es la resurrección y la vida, quien cree en Él aunque esté muerto vivirá.

Daría: ¿Y qué pasó después?

María: Lo increíble, Daría. Lo más sorprendente que te puedas imaginar.

Daría: ¿Qué? Dime que me muero por saberlo.

Martha: El Señor Jesús clamó a gran voz: "Lázaro, ven fuera" y nuestro hermano salió de la tumba atado de pies y manos ante la vista de todos. ¡Cristo es real Daria!

Daria: ¡Sí! ¡Lo sé! ¡Yo también fui sanada por su poder! *(Lo dice con entusiasmo, pero luego se abate de nuevo).* Pero ahora está mi muerto, mi muertito... mi esposo, el que tanto amé. Siempre fue un buen hombre, una persona convencida del poder de Dios porque él fue testigo de él. Mi esposo era una persona muy justa, generosa, amigable. No saben ustedes cuánto lloró cuando su gran amigo Pilatos dejó de existir. Realmente le guardaba un gran aprecio. En cuanto a mí, muchas veces me demostró que me amaba.

Cornelio: Pero le ha tocado la hora de partir, como sucederá con cada uno de nosotros. La muerte no respeta raza, religión, edad, sexo, ciudadanía, clase social. Está determinado que mueran los hombres una vez y después de esto el juicio.

Martha y María: Te acompañamos en tu dolor, Daria.

Daria: Muchas gracias, amigas. Por cierto, el Señor quiso recoger a Mateo hace dos semanas, ya lo saben, ¿verdad?

Martha y María: ¡Sí, lo sabemos!

Daría: Estos días han sido difíciles.

Aparecen en escena dos demonios que empiezan a charlar, aunque los demás no los ven, están bebiendo cada uno una copa de vino. Como que ya estaban charlando antes de que se escuche su voz.

Espectro: Lo mantuve entretenido toda la vida con la esperanza que algún día llegara a ser el Cesar, ¡qué iluso! ¿Te imaginas? ¡El Cesar! Ja, ja, ja, ¡eso sí que está de risa!

Azufre: ¿Pilatos? ¿Cesar? Ja, ja, no me hagas reír tanto que ya no puedo… Tuvimos el dominio de esta oficina…

Espectro: Bueno, no tanto así, recuerda que Mateo se fue detrás de… ya sabes de quien, no podemos mencionar ese Nombre…

Azufre: Olvídalo, ya me acordé que también Zaqueo fue seguidor de… ahhh… ¡ese Nombre! Sólo pensarlo me hace sufrir.

Espectro: Nos quitó todos nuestros derechos, nos juzgó y nos condenó. Clavó el acta de los decretos que teníamos contra… ¡Esos! Ya sabes a los que me refiero…

Azufre: Ahora Saulo también es un predicador del evangelio, Espectro.

Espectro: Bueno, no hablemos tanto de nuestras tragedias. Ahora estamos en el funeral de uno más de los que estuvieron de nuestro lado.

Azufre: Sí, un buen hombre, un buen hombre. ¡Vivan los buenos hombres que no siguen realmente a…!

Espectro: ¡Cállate! ¡Por poco y mencionas ese Nombre, el Nombre del Todopoderoso! Eso es terrible para nosotros, ya lo sabes.

Azufre: Julio estuvo a punto de creer en Él.

Espectro: Bueno, más bien, sí creyó en Él, sólo, que como muchos, no lo confesó delante de los hombres, no fue un verdadero discípulo, digamos que no se oponía ni condenaba a nadie, tan sólo iba con la corriente…

Azufre: Tenemos muchos de esos, por fortuna, Espectro. Porque sería desastroso para nosotros tener que pelear con cristianos verdaderos. Gente que ora a diario, que trata de ser como su Maestro, que sirve y ama a otros.

Espectro: ¡Cállate, Azufre! No sea que nos vayan a escuchar, no quiero que ninguno entienda que esa es la clave de la vida.

Entra otro demonio con un látigo.

Apolos: ¿Qué están haciendo aquí par de flojos? ¡A trabajar! *(les avienta un latigazo).*

Azufre y Espectro: ¡Apolos!

Apolos: No se esperaban que anduviera por aquí, verdad. Pues aunque es cierto que hicieron un buen trabajo con estos dos hombres, aún hay más trabajo por hacer, por lo que… ¡andando!

Los saca de escena a latigazos.

Escena VIII – El Juicio

<u>En el escenario</u> *aparece un gran trono y uno semejante a Cristo sentado en el trono. Este lugar es el lugar del Señor, el cielo.*

Ángel 1: *(toca la trompeta)* El grande y soberano Rey de reyes y Señor de señores ha iniciado con el juicio de las naciones. Los libros han sido abiertos, y grandes y pequeños están de pie ante el Señor. Ellos recibirán de acuerdo a sus obras.

Ángel 2: Todo aquel que no se halle inscrito en el libro de la vida será lanzado al lago de fuego.

Ángel 3: Grandes y maravillosas son tus obras oh Dios todopoderoso, justos y verdaderos son tus caminos, Rey de los santos. ¿Quién no te temerá oh Señor y glorificará tu nombre, pues sólo Tú eres santo, por lo cual todas las naciones vendrán y te adorarán.

Se escucha música de trompetas.

Pilatos: *(entra arrastrándose y llorando)* "¡Señor, Señor! Yo no sabía que Tú eras el Todopoderoso, siempre pensé que eras simplemente un hombre que traían a mí para ser juzgado.

Jesús: Te di oportunidad, hubo muchos que envié para que testificaran de mí, pero siempre para ti fue más importante alcanzar poder y prestigio en la tierra.

Pilatos: ¡Señor, perdóname! ¡Te lo suplico! Todo fue por ignorancia, porque no sabía que Tú eras el Ungido de Dios.

Jesús: Desde que estuve en la tierra y hasta hace poco fui la Puerta por donde se entraba para ser salvo; fui el Padre de toda misericordia, recibí a todos los que vinieron a mí con corazón arrepentido, pero ahora estoy sentado en este trono de juicio. Pilatos, aun habiéndome enviado tú a la muerte, siendo que siempre he sido inocente, te hubiera perdonado si en vida me lo hubieras pedido. Perdoné a asesinos sanguinarios, a patricias, a matricidas, a los autores de las mayores atrocidades, pero lo siento, ahora no estoy aquí para perdonar a nadie, estoy para juzgar, el tiempo del perdón ha pasado, ahora tengo que juzgarte.

Pilatos: Yo te juzgué a ti, ahora Tú me juzgas a mí. Yo te juzgue para muerte física, tú para muerte eterna… ¡Te suplico que tengas misericordia! *(Lo dice llorando y postrado en el piso).*

Jesús: por cuanto no obedeciste mi voz, y despreciaste mi sangre preciosa derramada en la cruz, por cuanto seguiste tus propios caminos y jamás tomaste en serio mis palabras, esta es tu sentencia: Pasarás la eternidad en el lago de fuego, preparado para el diablo y sus ángeles. ¡Llévenselo!

Entran unos ángeles fuertes, luego se escucha como lo arrojan al vacío, todos estos sonidos deban de ser aterradores. Por supuesto los de Pilatos también.

Entra Julio temblando y lloriqueando.

Julio: ¡Señor Jesús! Acuérdate que yo te registré cuando eras un bebé. Mi esposa fue una de tus seguidoras, siempre fui respetuoso de tu mensaje, jamás me opuse al evangelio. ¡Señor! Tan sólo dame una oportunidad más.

Jesús: El tiempo de oportunidad se ha terminado, Julio. Te envié muchos a que te hablaran de mí, tu esposa fue una cristiana verdadera, también tu hijo me sirvió. Pero tú te avergonzaste de mí, nunca pudiste tomar una decisión. ¿No sabes tú que de tus decisiones en la tierra, cuando estabas vivo allá, dependía tu destino aquí?

Julio: Tú conoces los corazones, Señor, siempre los has conocido. Tú sabes bien que en mi corazón siempre estuvo ser un seguidor de Jesús de Nazaret, quizá lo hubiera sido...

Jesús: ¿En secreto? Yo no quiero seguidores secretos, quiero adoradores en espíritu y verdad, que estén dispuestos a dar sus vidas por mí. Ahora los que dieron sus vidas por mí y el evangelio, la han ganado, y los que quisieron conservar su vida, aquí ahora la están perdiendo para siempre.

Julio: Señor, yo fui una persona buena, a muchos hice bien, yo no fui como Pilatos que te envió a la muerte, que fue un amador de sí mismo, que se burlaba de ti.

Jesús: Es cierto que fuiste una persona muy correcta desde el punto de vida humano, pero yo jamás te conocí.

Julio: ¡Cómo que jamás me conociste! ¡Oh no! ¡Ayúdame! Sé que eres el Dios bondadoso del que siempre me habló mi esposa, tú no serás el que me envíe a la condenación.

Jesús: No soy yo el que te envío a la condenación, Julio, son tus propias obras. Tú incredulidad, indecisión, tu falta de coraje, tu cobardía.

Julio: ¡No! ¡Incredulidad, indecisión, falta de coraje, cobardía! ¡No creí en mi corazón en el Señor! *(se jala los cabellos)*.

Jesús: Por cuanto no anduviste en mis caminos, ni apreciaste mi sangre derramada en la cruz. Por cuanto seguiste tus propios juicios sin dejar que yo me sentara en el trono de tu corazón, tu sentencia es la siguiente: Pasarás la eternidad en el lago de fuego. ¡Llévenselo!

Lo mismo que con Pilatos. Entra Mateo.

Jesús: ¡Mateo! Amado mío… he dispuesto para ti mansiones, vamos pasa a las moradas eternas. Bien buen siervo y fiel sobre poco has sido fiel sobre mucho te pondré, entra en el gozo de tu Señor. Por cuanto oíste mi voz cuando te invité a seguirme y lo dejaste todo tan sólo por amor a mí, ahora gozarás de todo lo mío.

Fin de

" Tres Oficinas

en Tiempos de Cristo "

EL GRANJERO DEFORME

Este drama es de los tiempos de Cristo. Es la historia de un hombre que teniendo pocas posibilidades en la vida, cumplió el más grande de sus sueños.

PERSONAJES

Daria, mujer amiga de Yaré.
Ali, mujer amiga de Yaré.
Fares, servidor en el templo.
Yaré, esposa de Joshua Ben.
Coat, servidor en el templo.
Simón Boethus, sacerdote, luego sumo sacerdote.
Benadad, sacerdote.
Caifás, joven candidato a sumo sacerdote.
Odeas, personaje principal.
Mariamne, hija de Simón Boethus.
Avirám, amigo de Odeas.
Eitán, dueño de la granja.
Barak, trabajadora en la granja.
Lea, trabajador en la granja.
Mago I, II, III.
José, padre adoptivo de Jesús.
María, madre terrenal de Jesús
Partera.
Ayudante de la partera.
Diablo.
Simeón, el de Lucas 2.
Soldado 1, II.

Escena I - Muerte Irremisible

Escenario: la escena se desarrolla dentro del templo judío.

Daria: Hace ya tiempo que el sumo sacerdote entró a ofrecer el ritual de purificación de los pecados del pueblo y no se escucha que ande.

Ali: Es verdad, ¿será que no estaba santificado lo suficiente?

Daria: La ley del Señor dice que si el sacerdote no está bien preparado espiritualmente morirá cuando entre en el lugar santísimo como ahora lo ha hecho Joshua Ben. ¡Pero no se escucha! ¡Es verdad! Ali, tenemos que hacer algo.

Ali: Sí, llamare a uno de los hombres del oficio. ¡Fares! ¡Fares!

Entra Fares.

Fares: ¿Qué pasa mujer? ¿Por qué gritas de esa manera?

Ali: ¿No eres tú uno de los encargados del oficio del templo? ¿No te das cuenta que Joshua Ben no se escucha? Deben de sacarlo pronto.

Entra Yaré, la esposa de Joshua Ben; ella está embarazada.

Yaré: ¿Qué es lo que pasa? ¿Algo pasa con mi marido?

Daria: ¡Cálmate, Yaré, no te exaltes, mira tu estado!

Yaré: Pero, dígame, ¿qué ha sucedido?

Fares: Nada todavía. No lo sabemos. ¡Joshua Ben! ¿Estás ahí?

Pasan unos segundos y no hay respuesta.

Fares: ¿Estás ahí? ¿Joshua Ben? *(Baja la voz y empieza a sollozar).* No responde.

Daria, Ali, Yaré: *(diferentes expresiones)* No contesta, ¿qué le habrá pasado? Espero este bien. ¡Oh no! etc.

Fares: Lo voy a estirar. Creo que no hay remedio.

Yaré: ¡Oh no! ¡Mi esposo!

Ali: Cálmate Yaré, estas en estado, no debes de exaltarte.

Yaré se empieza a desesperar. En eso sacan con la cuerda a su esposo, lo arrastran. Está muerto. Cuando Yaré ve a su esposo muerto se desmaya golpeándose el abdomen.

Yaré: ¡Ah! ¡Ah! *(empieza a gritar fuertemente).*

Daria: ¡Los dolores de parto! Yaré, no te aflijas por favor, te caíste y esto es muy peligroso, pero todo va a salir bien, por favor amiga mía, ten confianza.

Yaré: ¡Ah no! ¡Me voy a morir! ¡Me voy a morir! ¡Mi hijo también se va a morir!

Ali: No te vas a morir, tampoco tu hijo, ten calma, nosotros te vamos a ayudar a que des a luz. No desfallezca tu corazón... Fares, vamos a llevarla a un cuarto donde podamos ayudarla a dar a luz, este no es un lugar propio.

Fares: ¡Coat! Trae rápido una camilla, tenemos que llevarla pronto.

Coat está fuera del escenario cuando Fares le grita, pero entra apresurado con la camilla y se llevan a Yaré y las otras mujeres se quedan ahí. Se queda el cadáver de Joshua Ben tirado en el piso.

Entran otros dos personajes, ellos son un hombre adulto, barbudo, vestido de fariseo y un niño. El niño no habla.

Simón Boethus: *(viendo a Joshua Ben tirado en el piso)* ¡Vamos! ¡Rápido! ¡Saquen a este cuerpo inmundo de aquí! ¡Yo no lo puedo tocar porque me contamino!

Entran unos jóvenes y sacan el cuerpo.

Simón Boethus: *(habla para sí mismo, frotándose las manos:)* Ahora yo seré el nuevo sumo sacerdote. ¡Oh Jehová, que bueno que te fijaste en un hombre como yo! Es porque soy fiel en cada punto de la ley. Diezmo la menta y el eneldo, también ayuno dos veces por semana, y casi estoy seguro que no hay en todo Israel alguien que sepa más de la ley que yo. Gracias Señor, por fijarte en este súper humilde hombre como yo, que soy fiel al templo y contribuyo al tesoro, guardo escrupulosamente los 613 mandamientos de la ley y se puede decir que soy perfecto. ¡Sí! Señor, te doy gracias Jehová, porque pudiste haber elegido a alguien menos preparado, pero te fijaste en el mejor hombre de todo tu pueblo y ese soy yo.

Benadad: *(entrando, el no escuchó la conversación)* Simón Boethus, sabias, que al morir Joshua su hijo seria el sumo sacerdote.

Simón Boethus: Pero Joshua no ha tenido hijo. Bueno, sé que su esposa está embarazada.

Benadad: La ley marca que deba ser su hijo… pero en este caso, pues tendríamos que ver quien… ah, sí, tú eres el familiar más cercano. El sanedrín te deba elegir a ti, aunque las cosas se están poniendo cada vez más difíciles y se escuchan rumores de que Augusto quiere que exista un procurador Romano sobre Judea y éste sea quien lo elija.

Simón Boethus: ¡El gobierno romano no debería intervenir en estos asuntos!

Benadad: *(lo dice en voz baja)* Yo estoy de acuerdo contigo, pero es que, ¿no sabes que ya hay algunos que hablan de organizar una revuelta en contra de Roma? Aunque todavía no ha surgido algún buen líder que la encabece. Augusto lo sabe, pero no ha encontrado pruebas suficientes, aunque ha pensado en enviar a Copious para poner orden aquí. No sé si pasen muchos años más antes de que eso suceda.

Simón Boethus: No te molestes en contarme todas esas historias, yo sé que yo seré el nuevo sumo sacerdote y eso es todo lo que me interesa. Aunque naciera el hijo de Joshua, un bebe no puede ser el sumo sacerdote.

Benadad: En eso tienes razón, pero en cuanto crezca deberemos de ungirlo y quien esté en ese momento deberá se quitado.

Simón Boethus: Y ¿qué tal si es mujer?

Entra Daria gritando.

Daria: ¡Ah nacido! ¡Es un hijo varón!

Benadad: ¡Te lo dije! Mujer, ¿cómo está su madre? ¿Ella está viva?

Daria: Sí, ella está viva, mi señor. *(Habla tristemente).*

Simón Boethus: ¿Y el niño, está sano el niño? Como es que se ve.

Daria: ¿El niño? *(Lo dice como temerosa de dar más información).*

Simón Boethus: Sí, claro, dime, mujer, ¿cómo es que nació el niño? ¿Es sano?

Daria: Es que Yaré sufrió una caída antes de su hijo naciera, de hecho es por esa razón que nació el día de hoy...

Simón Boethus: Vamos, habla, ¿qué ha sucedido?

Daria: El niño parece estar normal en cuanto a sus sentidos, mi señor, pero...

Benadad: ¿Qué es lo quieres decirnos?

Daria: El niño ha nacido deforme. No sabemos si pueda caminar o hablar aunque parece que si tiene movimiento.

Benadad: ¡Qué lástima! *(Se entristece. Luego ellos se retiran... va a ver a la mujer y al niño...etc; queda Simón Boethus sólo).*

Simón Boethus: *(hablando para sí)* ¡Qué alegría! No tendré por qué preocuparme que si cuando crezca o no ese niño, yo seré perpetuamente el sumo sacerdote. Ja, ja, ja. Un deforme no puede ser jamás un sumo sacerdote en el glorioso Israel.

Nota: *un niño aparece en esta escena. Es Caifás, aunque no habla sino sólo hace gestos y observa todo lo que ha ocurrido.*

Escena II – Escarnecido

Escenario: el templo de Jerusalén. Aparece Caifás limpiando el candelero de oro.

Caifás: Cantando con voz grave. "Yo soy siervo de Jehová, el Dios altísimo, soy Levita, hijo de Aarón, de la tribu de Leví. Somos privilegiados por tan grande honra, de servir en los oficios del templo de Jehová. Este glorioso templo que fue construido por Zorobabel… más de cuarenta años, miles de personas talentosas lo hicieron posible… bajo el ánimo de Zacarías y Hageo… ¡Oh que glorioso es esto!"

Odeas: Caifás, yo también soy hijo de Aarón. *(Entrando, caminando como caminaría un hombre deforme).*

Caifás: Sí, pero tú fuiste maldecido por Dios, Odeas. Seguramente algún pecado oculto tenía tu padre para que sucediera contigo tal cosa. ¿O acaso fue tu madre? ¿Sería tu madre una prostituta secreta?

Odeas: *(grandemente enfadado, pero sin posibilidad para golpearle)* ¡Te prohíbo que hables así de mi madre!

Caifás: ¡Quien eres tú para prohibirme nada! ¿No eres tú tan sólo un miserable deforme que nació bajo la condenación del pecado? Dices tú que eres también del linaje de Aarón, pero qué si tu madre estuvo con otro hombre… ¿no has pensado en eso? ¿Qué si esto sea la razón por la que tu naciste así?

Odeas: ¡Miserable perro! ¡Cómo quisiera tener mi cuerpo sano para golpearte a más no poder!

Caifás: ¡Ja, ja! Pero no puedes, ni jamás podrás. No podrías matar ni un insecto.

Odeas jala cómo puede el tapete en donde estaba parado Caifás y lo hace caer al piso.

Odeas: ¡Ya verás!

Trata de golpear a Caifás cuando éste cae al piso. Caifás, lo golpea más, luego se pone de pie y se ríe estrepitosamente.

Simón Boethus: *(entrando apresuradamente)* ¿Qué es lo que pasa aquí? ¿Por qué está Odeas tirado en el piso?

Odeas: ¡Este perro maldito! ¡Como quisiera poder despedazarte! ¡Que si no fuera por esta imposibilidad!

Simón Boethus: No puedes decir estas cosas aquí. No te das cuenta que estas en el templo sagrado. Odeas, estas profanando el templo, esa es razón suficiente para que seas expulsado. Te dimos una oportunidad para servir aquí, porque sabemos que eres levita, pero creo que no la estás aprovechando.

Odeas: Caifás, cada día se burla de mi por mi condición, me dice ofensas que son intolerables, por eso es que reacciono de esta manera.

Caifás: Son invenciones suyas, Simón Boethus. ¿Cuándo has escuchado que yo proceda mal con alguien? Odeas se imagina cosas. Es comprensible que su mente esté llena de complejos por su propia condición, pero no debería acusarme de semejantes cosas. Juro por Jehová, que yo jamás le he hablado mal ni he herido sus sentimientos.

Odeas: ¡No es verdad! ¡Este es un mentiroso!

Mariamne: *(entrando a la escena)* Padre, Odeas es quien dice la verdad. Yo conozco a ambos y sé que Odeas es un hombre con un corazón de oro. Sé también quién es Caifás, el más grande de los hipócritas, un actor consumado. Lo he visto mentir otras veces, pero su apariencia es del mejor joven del mundo.

Simón Boethus: Voy a pensar mejor sobre este asunto. Por ahora, Caifás, quiero que vayas a comprar aceite de oliva. Mira, aquí tienes el dinero, compra lo que te den por este dinero.

Le da unas monedas y Caifás se retira del escenario haciendo una reverencia a Simón Boethus.

Odeas: *(en el momento en que Simón Boethus se quiere retirar)* Simón Boethus…

Simón Boethus: Dime hijo, ¿qué es lo que quieres?

Odeas: No sé cómo decirlo…

Simón Boethus: Pues dilo como puedas, yo te escucho, pero rápido porque tengo otras cosas que hacer.

Odeas: Quiero solicitar a tu hija Mariamne en matrimonio. Ella y yo nos amamos y nos quisiéramos casar.

Mariamne: Sí, padre, nos amamos y me gustaría casarme con este joven.

Simón Boethus: *(se enfada)* ¡Pero que estás diciendo! ¡Estas locas! ¿Quieres casarte con un deforme?

Mariamne: Padre, yo no veo la apariencia de este varón, sino que veo que tiene un corazón maravilloso. Él ha conquistado mi alma.

Simón Boethus: ¡Eso sí que no! ¡Creo que Caifás tiene razón! Te recibí a misericordia en el servicio del templo, Odeas, pero ahora te atreves a pretender a mi hija y ¿casarte con ella? *(en tono despreciativo)* ¡Esto es absurdo! ¡No tiene razón de ser! ¡Te prohíbo que te acerques a mi hija!

Odeas: Esto es injusto. ¡Si nos amamos! Ahora tú eres el sumo sacerdote pero bien sabes que si hubiera nacido normal yo mismo lo fuera porque tengo más de veinte años… Dios ha permitido esto y te ha hecho a ti el sumo sacerdote. Recapacita en lo que haces porque Dios ve todas las cosas y la palabra de Dios dice que peca el que menosprecia a su prójimo. Tú sabes y Dios sabe que he sido una persona recta, temerosa de Dios y apartada del mal. Mi testimonio ha sido honorable.

Simón Boethus: ¡Largo de aquí! ¡Jamás te casaras con mi hija, miserable pedazo de humano! ¡Mi hija será esposa de Herodes el Grande, ya lo hemos negociado así y no será de otra manera. No tienes ningún derecho de hablarme de la manera que lo has hecho, así es que lárgate de aquí. No servirás más en el templo, vete a ver quién te da algún trabajo en otro lugar.

Mariamne: *(llorando a los pies de su padre)* Pero es totalmente injusto lo que estás haciendo padre mío, Odeas es un hombre que se ha dirigido siempre honestamente, tú le conoces durante todos estos años; además también conoces que es hijo único de su madre y que ella no se volvió a casar después de la muerte de Joshua Ben Fabus, el padre de Odeas. Ten misericordia, no lo eches del servicio, por favor. Yo me casare con ese hombre corrupto y lleno de maldad si así tú lo has decidido, aunque viva triste todos los días de mi vida, pero, por amor a Jehová tu Dios, no hagas tal vileza con Odeas.

Simón Boethus: Lo que he dicho he dicho, así es que, largo de aquí Odeas. Tu misma boca ha firmado tu sentencia.

Se cierra el telón, Mariamne se queda llorando a los pies de su padre.

Escena III – Un Buen Amigo

Escenario: es el taller de un alfarero. Él está trabajando en la rueda. Esto es lo que aparece cuando se abre el telón.

Aviram: Señor, tú has dicho que eres nuestro Hacedor y nosotros la obra de tus manos. Siendo tú nuestro hacedor, ¿podríamos decir, qué es lo que haces o por qué lo haces? Tú eres Dios soberano y nadie puede seguir tus pensamientos.

Odeas: *(entrando)* Quiero comprar una vasija pequeña.

Aviram: *(Dejando de trabajar sobre la rueda)* Tengo sólo esta vasija, pero no está bien terminada, creo que la volveré a hacer.

Odeas: ¡Dios no dijo así conmigo!

Aviram: ¿Cuál es tu nombre mi hermano?

Odeas: Me llamo Odeas.

Aviram: ¿Te cuento algo mi amigo? Esta noche he tenido un sueño. El sueño veía como estaba yo haciendo una vasija muy hermosa, pero algo salió mal y el resultado fue muy diferente a lo que yo esperaba. En el sueño estaba enfadado. ¿Cómo era posible que mi obra maestra después resultara en una vasija inservible? Pero entonces escuche la voz del Creador que me dijo: *"No digas que es inservible, porque yo tengo un lugar especial para ella en mi templo"*. Desperté sin entender el significado de esas palabras, pero ahora, cuando te veo entrar, creo comprender lo que el Señor me ha dicho. Odeas, té eres una creación de Dios y él te hizo así. Tú eres especial tesoro para Dios y seguramente algún propósito tiene el Señor con todo esto.

Odeas: ¿Cuál propósito será ese? Pues siendo yo quien sería el próximo sumo sacerdote ahora tengo que conformarme con una vida miserable. ¿Crees tú que eso sea justo? No, no es... aunque te diré algo: para mí todo esto es un misterio. Tres veces al día platico con el Señor, le adoro y doy gracias... y en algunas ocasiones he tenido para Él esta pregunta, pero hasta ahora no he tenido respuesta. Creo que he aprendido a vivir así y siempre he sido un hombre que jamás se rinde.

Aviram: ¿Será que Dios tenga mejores cosas para ti que ser el sumo sacerdote?

Odeas: ¿Qué cosa puede ser mejor que ser sumo sacerdote? Ese es el lugar más especial delante de Dios en Israel. Hasta ahora yo lo he entendido así. Quisiera tener otra respuesta, pero por ahora no la tengo.

Aviram: Dios ha dicho por medio del profeta Jeremías y esto seguro tú mismo lo sabes. "He aquí vienen días, dice Jehová, en los cuales haré nuevo pacto con la casa de Israel y con la casa de Judá." Y luego continua diciendo, "pero este es el pacto que haré con la casa de Israel después de aquellos días, dice Jehová: Daré mi ley en su mente, ya escribiré en su corazón; y yo seré a ellos por Dios, y ellos me serán por pueblo." Odeas, yo creo que cuando venga el Mesías, Él hará nuevas todas las cosas. ¿No lo crees conmigo?

Odeas: ¡Sí, lo creo amigo mío! ¿Cuándo vendrá? Sabemos que será del linaje de David, que nacerá en Belén. También las Escrituras dicen que nacerá de una virgen. ¡Qué maravilloso será eso!

Luego Odeas baja un poco la cabeza, como un poco desanimado.

Aviram: ¡Anímate Odeas! ¡Ten fe para que puedas agradar a Dios y el Señor te conceda la petición de tu corazón!

Odeas: La petición de mi corazón… ¡No te he dicho que no tengo ilusiones, que ya las he perdido todas!

Aviram: ¡No es así! Yo sé que sí tienes una ilusión, un anhelo muy apreciado en esta vida.

Odeas: Tú no entiendes amigo…

Aviram: Disculpa, no te había dicho que mi nombre es Aviram.

Odeas: Aviram, tu no entiendes. Hubo una mujer que me amó, ella estaba dispuesta a casarse conmigo pero su padre se opuso y ésta fue dada al rey Herodes para que fuese su tercera esposa. Jamás podrá ella regresar conmigo ni tampoco yo conocer a otra mujer como ella… eso me causo tanto dolor que tan solo por la misericordia de Dios no me causé yo mismo la muerte. Pero ahora no tengo trabajo, mi madre es una viuda pobre y yo no sé ni puedo hacer algo. Además de todo esto, amigo Aviram, creo que moriré joven. Alguien como yo no podría vivir mucho tiempo.

Aviram: Todo lo que me has dicho es el panorama que tú ves. Pero déjame mostrarte otro panorama. Dios es el amparo de las viudas y los huérfanos. Él no te ha dejado ni te dejará…

Odeas: Aviram, he perdido el amor de mi vida. Me siento bastante mal. *(Lo dice lastimeramente).*

Aviram: ¡Odeas! ¿Piensas que el Señor te ha dejado?

Odeas: No Aviram. Yo amo a Jehová, pero en este momento… no puedo pensar positivamente… ¡Todo por esta estúpida deformidad en mi cuerpo!

Aviram: Si acaso pensaras que Dios no te ama, te diré algo: ¡Sí te ama! Y si él no permitió que te casaras con esa chica es que tiene aún algo mejor para ti.

Odeas: Algo mejor… algo mejor… suena bien… pero qué puede ser…

Ahora Odeas empieza a toser, no mucho, pero tose anormalmente.

Aviram: ¿Todo está bien?

Odeas: En realidad no lo sé, desde hace un mes que traigo esta tos.

Aviram: ¿Un mes? Eso no es normal.

Entra Caifás.

Caifás: Quiero comprar un cántaro, Aviram.

Aviram: Con gusto. Este cuesta tres cuadrantes y dos blancas.

Caifás: ¡Tan caro! ¡Ah pero aquí está el granjero deforme, me han dicho que lo único que podrías hacer es trabajar alimentando animales! Es curioso que aún no hayas conseguido trabajo en algún establo fuera de Jerusalén… pues desde que te echaron del servicio del templo ya ha pasado más de un mes y ¿aún no te has ido?

Odeas: ¡Maldito! ¿Será posible que no me dejes en paz, Caifás?

Caifás: Nada de eso, yo tan sólo vine a comprar un cántaro, muy caro por cierto. Pero aprovecho para avisarte que la boda del Herodes con Mariamne está programada para la próxima semana. ¿No te invitaron? *(Esto último lo dice burlándose).*

Odeas: *(tratando de abalanzarse sobre él)* ¡Te voy a despedazar, maldito cobarde!

Caifás: Nada de eso, Odeas. Es una pena que no puedas hacerme nada y que tengas odio en tu corazón.

Aviram: Él no tiene ningún odio en su corazón mi amigo y es mejor que vayas a otro establecimiento, porque no te venderé nada.

Caifás: ¿Ah sí? Pues si no quieres venderme tus vasijas de barro, tendrás que decir ante el sumo sacerdote, que yo mismo fui el que hice esto… *(Empieza a romper los jarros y las vasijas que tiene ahí).*

Aviram: ¡Espera! ¡No puedes hacer eso! ¡Me tendrás que pagar esos destrozos!

Se forcejea con él, se golpean y después de que Caifás tiene sangre en la nariz sale del lugar diciendo:

Caifás: Ahora no podrás decir nada, porque me haz golpeado y tengo las pruebas de ello. ¡Nos vemos pronto granjero deforme!

Aviram: ¡Y dicen que ese será el próximo sumo sacerdote! ¡Es de lo peor! Odeas, no te aflijas de ningún modo por lo que ese poco hombre ha dicho. Ese es uno de los emisarios de satanás, al cual es mejor no hacer ningún caso. Te aconsejo que ores a Dios, porque Él seguramente tiene para ti algo especial. Por cuanto eres un hombre de oración, Dios está contigo mi amigo.

Odeas: Es verdad lo que dices… y en cuanto a que tengo un deseo delante de Dios… lo tuve desde que era un niño… pero es tan alto que no se si algún día Dios se acuerde de mi para concederlo… además siento que el tiempo de mi partida de este mundo se acerca cada día… esta tos no es normal *(Vuelve a toser más o menos prolongadamente.)* Pero por ahora necesito trabajar, y aunque la burla de Caifás me aflige el corazón, es posible que alguien me de trabajo como alimentador de animales en algún pueblo de Israel… tan solo quiero ganar algo de dinero para darle a mi madre, ella no tiene a nadie más que a mí. Tengo que irme, tengo que conseguir trabajo cuanto antes…

Aviram: ¡Espera, antes de que te vayas! Dime: ¿Cuál es ese anhelo tan caro que tienes delante del Señor, podría saberlo? Tú sabes muy bien que en las Escrituras vemos varios casos de hombres y mujeres que fueron despreciados delante de los hombres, pero que luego Dios les concedió los favores más apreciados y caros.

Odeas: Quiero ver a Dios, Aviram. Eso es lo que quiero. Aunque soy un pobre deforme desechado del sacerdocio. No por mi pecado, ni por el pecado de mis padres sino debido a un misterio que tan sólo el Todopoderoso conoce, quiero el más alto de los privilegios. ¿No es esto una locura?

Aviram: No exactamente una locura… es más bien… digamos un anhelo reservado para muy pocos. Dios te lo conceda, Odeas. Dios tenga misericordia de ti. Ahora, necesito limpiar todo lo que este patán hizo… que servidor de Dios, ese… más bien es un delincuente.

Escena IV – El Granjero Deforme es Contratado

Escenario: una granja, se pueden escuchar o inclusive ver algunos animales reales (o no) típicos de una granja. Aparece Eitán (el dueño del establo) y Odeas.

Eitán: ¿Pero estás seguro que podrás hacer este trabajo, Odeas?

Odeas: Sí señor, no es algo difícil y yo siempre he sido un hombre de mucho ánimo para el trabajo.

Eitán: No quiero encontrarme con que murió o enfermó alguno de mis animales por causa de no estar bien alimentados o por falta de agua. Como tú sabes yo tengo otros negocios en Belén y no podría ocuparme de esto, por eso es que estoy contratando a una persona para este trabajo.

Odeas: Yo necesito el trabajo, mi madre es una viuda pobre y yo soy su único sustento.

Eitán: ¡Santa Jerusalén! ¿Pero qué es lo que hacías antes de venir conmigo?

Odeas: A decir verdad yo soy levita y trabajaba en el oficio del templo, pero el sumo sacerdote me echó.

Eitán: Pues sería muy grave lo que hiciste para que te echara.

Odeas: Nada de eso, me echó porque se ofendió al pedirle que me diera a su hija en matrimonio.

Eitán: Pero, ¿tú? ¿Querías casarte con la hija del sumo sacerdote? ¡Que atrevimiento Odeas!

Odeas: Es que ella me amaba. Seguro todavía me ama como yo a ella, pero sé que ha sido dada a Herodes, para ser su tercera esposa. ¿No le vasta a esa bestia haberse casado ya dos veces?

Eitán: Y se casará las veces que le pegue su gana… Ultimadamente no me interesa saber de tu vida.

En ese momento Odeas empieza a toser como lo hacía antes, aunque un poco más fuertemente.

Eitán: ¿Qué es lo que tienes? ¿Estás bien? ¿No estás enfermo?

Odeas: No, estoy bien.

Eitán: Muy bien. Te voy a dar el empleo, pero haz bien el trabajo porque de otra forma no tendré compasión y te despediré. No importa que estés deforme, aquí es un lugar de trabajo. ¿Me has escuchado?

Odeas: Sí, señor.

Se va Eitán. Odeas, tan rápido como puede empieza a darle de comer a los animales y a darles de beber. Después de esto hay una coreografía de animales. Los animales cantan algo parecido a esto: "Dios hizo todo bien. Perfecto lo hizo el Señor, Dios tiene todo en sus manos y el no desampara a todo el que se acerca a él. Al desvalido lo recoge el Señor y lo atiende su diestra, no lo abandonará si él tiene fe en el Todopoderoso". La coreografía puede durar algo así como tres minutos. Mientras esto sucede Odeas sigue trabajando como si no sucediera nada. Odeas tose de vez en cuando. Cuando termina los de la coreografía salen y se escucha la voz de Dios.

Voz de Dios: Odeas.

Se ve una luz del cielo.

Odeas: ¡Oh, pero que es esto! *(Lo dice atemorizado y cae al suelo).*

Voz de Dios: No temas, yo he escuchado tus oraciones y tus clamores. Yo he estado contigo a pesar de todo lo que has pasado. No pienses nunca que te ha dejado mi diestra porque tú, mi deleite has sido. Me he acordado de ti y de tus lágrimas delante de mí y quiero que sepas que tú verás al Mesías prometido. Antes que te lleve yo a descansar de esta vida, veras al ungido del Señor. Y quien vea al ungido del Señor, me vera a mí, porque Yo y Él uno somos. Y cuando lo veas, serás ungido para mí; más que con la unción que ha recibido el Sumo sacerdote, porque yo establezco con mi Mesías el nuevo pacto que juré por boca de mis santos profetas.

Odeas: ¡Dios mío! No soy digno de semejante privilegio, pues tan sólo soy un pobre granjero deforme. ¡Oh Señor mío y Dios mío, qué privilegio el mío, siendo yo un hombre despreciado, que tú hayas tenido compasión de mí!

Voz de Dios: No digas que eres un granjero deforme, porque eres hermoso Odeas. Delante de mi eres hermoso. Cuando termines tu carrera estarás conmigo por la eternidad y todos los que están a mi lado son coronados de hermosura.

Odeas: Señor, ¿dónde nacerá? Porque tu palabra dice que el Mesías nacerá en Belén y tú siervo ahora mora en Belén.

Voz de Dios: Él nacerá precisamente en este lugar.

Odeas: Pero, Señor, como dices que el Mesías prometido nacerá en este lugar. Pues si este lugar es tan sólo un pesebre, un establo de animales. ¿Es este lugar para que nazca el Rey que juzgará con justicia a Israel y llevará a toda la nación a la cabeza del mundo?

Voz de Dios: Odeas, tus pensamientos no son mis pensamientos, ni mis caminos tus caminos dice el Señor. El ungido del Señor es el Salvador del mundo y es necesario que padezca.

Odeas: Gracias Señor por tus pensamientos para con nosotros. Este será el más grande regalo que la humanidad haya recibido.

Desaparece la luz y Odeas queda en el piso adorando a Dios. Entran dos personas, hombre y mujer como jugueteando; uno persiguiendo al otro, cuando ven a Odeas se detienen de jugar, se abrazan y asustados exclaman:

Barak y Lea: ¡Oh! ¡Ah!

Lea: ¡Pero que susto nos has dado!

Barak: Algo escuchamos de ti. Que estarás trabajando aquí. ¿Es cierto?

Odeas: Cierto es. Ustedes son mis compañeros de trabajo me supongo.

Lea: Sí, que lo somos. Yo soy la cocinera y él es el jardinero.

Odeas: ¿Y son ustedes esposos?

Barak: No digas nada.

Lea: Tú no has visto nada.

Odeas: Entonces ustedes no son…

Barak: Esto no debe salir de aquí, de otra manera tendrías con nosotros dos enemigos más. Sabemos que Caifás no te ve bien.

Odeas: No están haciendo bien, ¿por qué mejor no dejan de vivir de esa manera y se vuelven al Señor? Miren, yo acabo de escuchar la voz celestial. Me ha dicho el Señor que el Mesías nacerá en este lugar. En este mismo pesebre y yo le voy a ver ¡Sí! Porque también me dijo el Señor que yo tendré el privilegio de verle antes de morir

En ese momento tose de nuevo varias veces. Barak y Lea ríen mucho.

Lea: ¡Pero… no puedo hablar… no puedo hablar… este hombre es tan…!

Odeas: Tan ¿qué?

Barak: Tan ocurrente deba ser, porque eso que estás diciendo es una tontería. ¿Cómo el Rey puede nacer en este establo tan maloliente? Eso es una idea tuya que no sé de donde la sacaste.

Odeas: ¡Nada de eso! Les he dicho que Dios mismo me hablado antes de que ustedes llegaran y me ha dicho lo que ustedes ahora han escuchado.

Lea: ¡Eso es absurdo y ridículo! Odeas, Odeas es tu nombre, ¿no es cierto?

Odeas: Sí, así lo es señora.

Lea: Mi nombre es Lea y Odeas, por favor, escúchame bien. Algo está sucediendo con tu mente, te estas volviendo loco quizá. Dices que escuchas voces… esto no es normal…

Odeas: Ahora tengo que ir a traer comida para los animales, si me disculpan, tendré que salir.

Sale Odeas y se quedan solos Barak y Lea.

Barak: Ahora estamos solos mi amor. *(Hace como que le abraza).*

Lea: Espera, ese hombre…

Barak: ¿Que tiene ese hombre? Es el hombre más extraño que mis ojos hayan visto jamás. Además de su cuerpo deforme y de su caminar cojo y arrastrándose, parece estar loco… dice que escucha voces… que Dios le ha hablado, que el Mesías nacerá en este sucio establo. ¡Eso es la tontería más grande que mis oídos hayan escuchado jamás!

Lea: Espera, vámonos de aquí. De todos modos lo que ha ocurrido me ha dejado muy aturdida además este lugar ahora me da miedo. No quiero estar aquí, parece que está muy lleno de luz y las palabras de ese hombre parecen tener consigo algo especial.

Barak: Pero, ¿de qué estás hablando? Este lugar siempre ha sido nuestro favorito…

Lea: Vamos Barak, no insistas. Te veré luego o quizá ya no deba verte más.

Barak: ¡Lea, que está sucediendo contigo!

Lea sale del escenario. Barak se queda un par de segundos desconcertado, luego la sigue diciendo: "Lea".

Escena V - La Decepción

Escenario: el mismo establo. Aparece Odeas tosiendo mucho, pero esforzándose por trabajar.

Odeas: ¡Tengo que… *(tose)* esforzarme *(vuelve a toser)*, tengo que trabajar…!

Llega el Eitán.

Eitán: Odeas, necesito hablar contigo.

Odeas: Sí, *(tose y tose)* mi señor, en que puedo servir *(vuelve a toser)*.

Eitán: Ese es exactamente el problema, que ya no puedes servirme. ¿Te acuerdas que de dije que no quería tener aquí a alguien tan sólo por lástima? Este es un lugar de trabajo Odeas, he notado ya varios errores de tu parte, y sé que esto es porque tu salud está muy deteriorada. Quiero que te vayas a casa, voy a contratar a otra persona para que haga el trabajo.

Odeas: Por favor, no me haga esto. Yo necesito el trabajo.

Eitán: Ya sé que necesitas el trabajo, por eso te lo había dado, también como un acto de misericordia contigo, porque bien podría haber contratado a una persona completamente normal. Pero debo decirte que ya no estoy interesado en que estés aquí. Tú debes ir a casa para tratar de curarte y yo necesito a alguien que haga bien el trabajo.

Odeas: No es posible *(tose)* yo creía que aquí estaría yo hasta mi muerte.

Eitán: Pues no sé por qué es que tenías esa idea, pero quiero decirte que estuviste equivocado porque el día de hoy quiero que te vayas. ¿Lo has escuchado Odeas? *(con cierta firmeza)*.

Odeas: Es acerca de una voz que escuche hace algún tiempo. Me dijo que yo vería al Mesías antes de morir y que él nacería en este lugar.

Eitán: No sé de lo que me estás hablando Odeas, pero por favor, no quiero que vengas el día de mañana, porque si vienes voy a dar órdenes de que te echen y no quiero que eso suceda porque sé que has hecho tu mejor esfuerzo por ser un buen siervo. Quiero que entiendas que yo soy un hombre de negocios y que por encima de todo está mantener y hacer crecer lo que tengo.

Odeas: Está bien, señor.

Eitán: Muy bien. Has lo que tengas que hacer el día de hoy. Gracias por tus servicios y ten este dinero que te ayudará para que vivas con tu madre por algún tiempo. Luego Jehová proveerá la manera en que ustedes serán sostenidos. No te desalientes demasiado. *(Luego lo abraza y se retira del escenario).*

Odeas: *(tirándose al piso)* ¡Dios mío! ¡Porque me has desamparado! Pensaba en que tú cumplirías tu promesa, como siempre lo ha hecho con todos. ¿Por qué me está pasando a mí esto Señor Jehová? Fue realmente tu voz la que yo escuché en este lugar. Ahora tendré que regresar a Jerusalén, porque allá es donde vive mi madre, aunque yo le enviaba el dinero que ganaba con Aviram, cuando él venía a vender sus productos a Belén. ¿Qué es esto Dios mío? No lo comprendo… ¿será que tú me has decepcionado?

Odeas queda orando tirado en el piso y se cierra el telón.

Escena VI – Natividad

Escenario: en el escenario aparece María cargando al niño Jesús, ella está sentada. Dos mujeres le están ayudando. La partera y su ayudante. Luego entran Eitán traído por el Mago I.

Eitán: ¿Dicen ustedes que ha nacido ya? ¿Y nació en mi pesebre? Bueno ayer unos forasteros me pidieron posada y al no tenerla, les ofrecí un lugar en mi establo. ¿Se trata entonces de esa pareja?

Mago I: Miradle. Nosotros hemos ofrecido a Él oro, incienso y mirra. Pero, ¿qué regalos son estos regalos para el Rey de Israel que ha nacido? Su estrella hemos visto en el oriente y hemos seguido un largo camino hasta Belén.

Mago II: Pero antes que nosotros viniéramos vinieron unos pastores de ovejas que dijeron habían visto a un ángel que les dio las buenas nuevas del nacimiento del niño y también escucharon cantar a una multitud de ángeles que bajaron del cielo y se unieron a él alabando al Señor. Les dijo: "¡Os doy nuevas de gran gozo!" Y ahora todo el pueblo sabe que el Mesías ha nacido y todos nos hemos alegrado, amigo.

Eitán: Ahora entiendo. Él es… ¡ese pequeño bebé es el Mesías! ¡Que maravilloso es esto! Pero déjenme cargarlo. Es tan pequeño. Y donde está su padre.

María: Él ha ido a comprar algunas cosas, regresará en un momento, aunque para decir la verdad más exactamente, Jesús ha nacido de mi siendo virgen, porque no he conocido varón hasta ahora.

Eitán: De esta manera se cumple la profecía. ¡Qué cosa tan maravillosa! ¿Y tú eres la partera? ¿Cuál es tu testimonio?

Partera: Hoy al amanecer ayudé a dar a luz a María y realmente fue una experiencia extraordinaria. He traído a muchos niños al mundo, eso es verdad, pero este alumbramiento en realidad es algo divino. Al mirar a María me di cuenta que ella era virgen. ¡Sí! Yo soy testigo de su virginidad. Y luego que logre sacar al niño y al tomarle con mis manos todo mi ser fue lleno de la presencia del Altísimo… ¡Que experiencia tan maravillosa!

Ayudante de la partera: ¡Yo también! Porque ella me llamó para que viera, ¡ambas somos testigos del milagro! ¡Gloria a Dios!

Eitán: ¡Espera un momento! Voy a llamar a mis otros trabajadores.

Sale un momento y vuelve con Barak y Lea.

Eitán: Vean por ustedes mismos. Aquí en mi pesebre ha nacido el Salvador del mundo.

Mago II: Nosotros venimos del oriente para adorar al que habrá de ser la gloria del mundo. Estudiando el cielo nos dimos cuenta que había una estrella que se estaba moviendo y decidimos seguirla.

Mago III: Nos pusimos de acuerdo para venir y llegando primero con Herodes, nos enteramos que el Cristo había de nacer en Belén de Judea y su estrella seguimos hasta acá.

Lea: Yo te lo decía Barak, que esta pareja era algo especial.

Barak: Espera un momento… entonces lo que dijo Odeas era verdad.

Lea: Pobre hombre, él quería ver al niño con sus propios ojos, ahora no sabemos dónde esté para avisarle. Creo que regresó a Jerusalén…

Barak: Siempre le menospreciamos, pero él tenía razón. Le juzgamos loco, pero lo que decía era cierto.

Lea: Sabes ¿dónde está?

Barak: No lo sé. Quizá esté muerto.

Lea: *(exclamando)* ¡No! Por favor, ¡no digas esas cosas!

Barak: Estaba muy enfermo. No podemos asegurar que esté con vida.

Mago I: Pues bien nosotros tenemos que irnos.

Entrando José, pero habiendo escuchado que se iban, responde:

José: ¿Por qué camino irán?

Mago II: Iremos por el camino oriental.

María: ¿No irán a ver a Jerusalén, a Herodes?

Mago III: Cada uno de nosotros tuvo un sueño. Uno de nosotros soñó que nos presentábamos delante de Herodes y él mandaba que nos cortaran la cabeza. Otro de nosotros soñó que nos mandaba a un calabozo oscuro y que ahí moríamos y yo soñé que él mismo nos traspasaba con una lanza el corazón. Por lo que entendimos que Dios nos estaba revelando que no fuéramos a él, por lo que regresaremos por otro camino y no veremos más su rostro.

Al decir esto se retiran del escenario.

Eitán: El Señor preserva la vida de sus siervos... *(pensativo)*. ¿Qué sería de Odeas? Es muy lamentable que lo haya despedido precisamente antes de que sucediera todo esto. Me arrepiento de lo que hice. *(Se lleva las manos a la cabeza)*. ¡Señor, perdóname! Iré a buscarle. Sí, iré a buscarle.

Escena VII - El Último Impulso

Escenario: Odeas aparece en cama. Tiene pesadillas y se retuerce en la cama. Luego tiene una visión horrorosa.

Diablo: Odeas, ¿pensabas que Dios cumpliría su promesa?

Odeas: *(levantándose y sentándose en la cama tomando en las manos su cabeza)* ¡Sí, Dios es veras, nunca ha mentido!

Diablo: Pues ahora mintió. ¿Te das cuenta?

Odeas: Me resisto a creerlo...

Diablo: Pues créelo. Es verdad.

Odeas: ¿Qué es verdad? Tú ¿quién eres?

Diablo: Yo soy el que puse tropiezo a tu madre para que nacieras deforme. Ahora tu vida está frustrada, no pudiste ser el próximo sumo sacerdote. Lo logré. Ahora Dios te abandona. ¿Por qué entonces no te matas? Si tu novia te dio la espalda yéndose con ese hombre poderoso, ¿no demuestra también que nadie te quiere y que estas abandonado?

Odeas: ¡Nooo! ¡No menciones eso! ¡Mi esperanza sigue estando en el Mesías aun con todo!

Diablo: No seas tonto *(ríe estrepitosamente)*. El Mesías es una leyenda. Un delirio de los profetas. Nada de eso es real. ¿No hay tantas cosas en las Escrituras que no entendemos?

Odeas: ¡Nooo! ¡Eso no puede ser! ¡No puede ser!

Odeas se vuelve a acostar gritando las mismas palabras: "¡No puede ser! ¡No puede ser!" El diablo desaparece y aparece la madre de Odeas en la escena.

Yaré: ¿Qué te sucede hijo? *(entra corriendo y con cierta desesperación. Lo toca y dice:)* Aún tienes temperatura. ¡Oh Dios mío, no te lo lleves!

Odeas: Madre, estoy a punto de morir. Y me dijo el Señor que le vería, que nacería en ese establo de Belén… ¿Parece que la palabra del Señor no ha sido firme?

Yaré: O será que no la entendiste, bien amado hijo. Según lo que tú me dijiste que el Mesías nacería en ese establo y que tú verías al Señor. Son dos cosas distintas, hijo. Él te dijo donde nacería porque tú se lo preguntaste.

Odeas: ¡No lo sé! ¡No lo sé! Pero, ¿qué ilusión me queda en la vida sino morir como un perro? Mi novia fue dada a ese cerdo y fui quitado de mi empleo, además de todas las burlas y el desprecio de los de mi propia gente. De inmediato fui descalificado para ser el sumo sacerdote y aun fui expulsado del servicio del templo… ¿estoy condenado a morir? ¿Qué más impulso me queda para vivir? *(Golpea la mesa, luego toce fuertemente).*

Yaré: No pierdas la fe. Tú siempre has sido un hombre valiente y consagrado a Dios Odeas, desde que naciste has sido un hombre fuerte, aun siendo un niño. Por eso la hija del sumo sacerdote se fijó en ti. Tú me ensenaste a mí misma a conformarme con tu condición. Si Dios te hubiera dejado no tendrías vida, pero mientras haya vida hay esperanza. Dios cumplirá su palabra en ti. ¡Aun puedes ver a Dios, mientras haya vida hay esperanza!

Odeas: Sé que es cierto lo que dices madre. Pero compréndeme… cuando ya no pude estar en ese establo…

Entran unos soldados romanos.

Soldado 1: *(hablando violentamente).* Pero, ¿Qué es esto? ¡Un lisiado! Ja, ja… *(Ríe con el otro soldado que entra junto con él).*

Soldado 2: No creo que sepa Herodes que se trata de un lisiado, sino se hubiera muerto de la risa.

Soldado 1: ¡Es lo que no entiendo! ¡Cómo una mujer tan bella como ella podría haberse fijado en este lisiado!

Odeas: Pero, ¡qué es esto! ¡Con que derecho se atreven a entrar en mi casa!

Yaré tan sólo grita fuertemente, aunque luego estuvo como muda.

Soldado 1: Hemos venido de parte de Herodes. Venimos a llevarte a la cárcel. Pero tenemos también ordenes de que si te resistes te matemos aquí mismo, delante de tu madre.

Odeas: Pero, ¿qué he hecho para merecer la muerte? Aunque ya soy un moribundo.

Soldado 2: Te será mejor guardar silencio porque ha llegado a oídos del rey que Miriamne te ama, por ello quiere darte muerte para que deje toda esperanza y pensamiento acerca de ti.

Odeas: ¿Miriamne me ama? ¡Lárguense de aquí, malditos! Prefiero morir luchando que morir en la cárcel.

Soldado 1: Pero que lucha puedes tú hacer con nosotros. Ja, ja, ja.

Empiezan a luchar y cuando estaban a punto de matarle, Odeas grita:

Odeas: ¡Señor! ¡Sálvame!

Entra Aviram con una espada.

Aviram: ¡Pero qué es esto! Luchare en el nombre de Jehová de los ejércitos. ¡No mataran a mi amigo! Sé que humanamente hablando ustedes son más poderosos, pero Dios está conmigo como estuvo con David.

Soldado 1: Creo que hay todavía más diversión para nosotros, Julio.

Soldado 2: Adelante, aplastemos a esta pulga.

Empiezan a luchar en una lucha más o menos larga; es necesaria mucha acción. Finalmente Aviram resulta vencedor. Luego cobrando aliento dice:

Aviram: Odeas, Dios me ha enviado para salvarte. Porque tuve una visión en donde veía a un ángel del Señor que me decía: *"Ve a casa de Odeas mi siervo y aliéntale. Dile que vaya al templo porque ahí traeré para él la bendición que quiero darle. La vida no ha terminado para él, porque Satanás quiso frustrar los propósitos que yo tengo con él pero ha fallado."*

Odeas: Iré ahora mismo.

Sale Odeas arrastrándose como camina él.

Escena VIII - La Palabra de Dios Cumplida

Escenario: está María y José tomados de las manos y el sacerdote elevando al bebé Jesús con las manos ofreciéndolo al Señor.

Simón Boethus: Presento delante de ti, oh Dios Jehová, Dios todopoderoso; Creador del cielo y de la tierra este pequeño bebe, para tu gloria. Y a estos padres que han venido a mí cumpliendo con tu mandamiento. Sean bendecidos y prosperados, por cuanto han guardado tu palabra. Ahora los bendigo. Vayan en paz.

Simón Boethus: ¡Tú aquí! ¡Es mejor que no te vean mis ojos, si no quieres que te eche!

Simeón: Déjalo, porque yo te conozco y sé quién eres tú.

Simón Boethus: ¿Eh?

Simeón: Yo tengo el Espíritu del Señor y el Señor me ha revelado la clase de hombre que eres y de las cosas malvadas que has hecho. Pero Dios ha terminado con el sacerdocio levítico y se ha provisto el Eterno Sumo sacerdote... ¡Helo aquí, este pequeñito! ¡Ahora prestadme a este niño! *(dirigiéndose a José y María).*

Sale Simón Boethus avergonzado.

Simeón: Ahora, Señor, despides a tu siervo en paz, conforme a tu palabra; porque han visto mis ojos tu salvación, la cual has preparado en presencia de todos los pueblos; luz para revelación a los gentiles, y gloria de tu pueblo Israel.

Odeas: ¡Dios Santo! ¡Este niño es el Mesías!

Simeón: Hijo mío. Para ti también tengo una palabra: "No digas he sido desechado porque no te he desechado, hoy mismo cumplo el deseo de tu corazón y este niño que ven tus ojos el verbo de Dios de Dios hecho carne.

Luego Simeón deja el niño con sus padres y pone su mano sobre Odeas.

Simeón: También me ha dicho el Señor, ora por Odeas que yo le sano hoy.

Simeón ora por Odeas y éste es inmediatamente sanado. Este momento tiene que ser muy especial. Luego se levanta Odeas.

Odeas: *(mirando todo su cuerpo)* ¡Dios mío y Rey mío! ¡Gracias porque has tenido misericordia de tu siervo... soy... sa-no... soy sano! Soy sanooo! *(Se pone a saltar y a danzar alabando al Señor).*

Odeas continúa con su gozo y saltando dice:

Odeas: ¡Gloria a Dios!

Simeón: También el Señor ha puesto en ti su santo Espíritu. El privilegio de muy pocos en toda la historia del mundo. ¿Te lamentas de no haber sido sumo sacerdote?

Odeas: Que hubiera nacido deforme fue lo mejor que me hubiera sucedido porque el Señor ha mostrado su poder en mí y ahora me ha ungido con su Espíritu. ¡Bendito sea al Señor y este niño que es llamado Emanuel, Dios con nosotros!

Se inca y le adora, también Simeón, y mientras están hincados los dos entra Mariamne.

Mariamne: ¡Odeas! ¿Eres tú?

Odeas se levanta, se pone en pie y se queda mudo al ver a Mariamne, por fin habla (pasan unos tres segundos)

Odeas: ¡Mariamne!

Mariamne: Odeas, pero tú estás… tú estás… ¡sano! Esto es un milagro del Señor *(lo dice profundamente emocionada, feliz, pero llena de asombro).*

Odeas: Sé que tu boda con Herodes es mañana.

Mariamne: Si, mañana está programada mi boda con ese infeliz.

Odeas: ¿Todavía me amas?

Mariamne: Con todo el corazón, Odeas *(lo dice con ternura y con una amplia sonrisa)*

Entran los magos

Mago I: Apreciables hermanos, dejé a los otros magos esperando, y yo me he disfrazado para seguirlos a ustedes al templo.

María: ¡Pero si es uno de los magos!

Mago I: Sí, soy yo, pero no digáis a nadie que estoy aquí, podría enterarse Herodes.

José: ¿Por qué habéis regresado?

Mago I: No lo sé, es increíble pero no lo sé, tan sólo tuve una visión anoche en donde claramente vi un ángel diciéndome que me disfrazara y viniera rápido a encontrarlos a ustedes en el templo.

Odeas: Yo sé porque has regresado. *(Dirigiéndose a Mariamne)* ¿Estarías dispuesta a arriesgar tu vida y dejar todo por mí?

Mariamne: ¿Hay lugar en alguno de tus camellos apreciable señor?

Mago I: Sí que lo hay.

Mariamne: Sí Odeas, iré contigo a donde quieras.

Simeón: En el nombre de Jehová de los ejércitos los declaro marido y mujer *(pone las manos sobre ellos y luego dice:)* pero apresúrense, porque no tarda en llegar tu padre.

Mago I: En nuestra tierra estarán a salvo de Herodes y vivirán muy felices, luego si existe oportunidad podrán regresar… por ahora, vamos.

Odeas y Mariamne se toman de las manos y salen corriendo del escenario con el mago I.

Fin de

" El Granjero Deforme "

OTROS LIBROS PUBLICADOS POR EL MISMO AUTOR

Evangelice con Dramas I

La serie "Evangelice con Dramas" llevará a todos a una experiencia inolvidable. No sólo por los preparativos y la presentación misma de la obra, sino por lo hermoso que es ver las almas entregadas al Señor. Las obras presentadas en la serie son atípicas en el sentido de que llevan al espectador a desear tener su propia experiencia con Jesucristo. Los salvos se gozan y los perdidos reciben el mensaje.

Evangelice con Dramas II

Torne su mundo a Dios usando una de las más poderosas estrategias conocidas. No sólo logrará que muchos vengan a las plantas del Señor, sino que involucrará a niños, jovenes y adultos en esta tarea tan sagrada. Los dramas escritos en este libro son obras de teatro profesionales que atraerán grandes auditorios y embelezarán a toda la familia, al dejar caer la semilla del precioso evangelio.

Mi Mini-manual de Identidad en Cristo

Descubra las más poderosas ideas que se hayan escrito sobre lo que somos en Cristo en un libro breve y conciso. Somos salvos, sanos, santos, libres, fuertes, inteligentes, sabios, reyes, heredeos, sacerdotes, administradores y vencedores. Este libro cambiará su vision acerca de lo que Dios dice de usted con ejemplos y argumentos que safisfarán su mente y espíritu.

Las Raíces del Temor

¿Por qué tememos? ¿Cuáles son las raíces psicológicas y espirituales de los temores humanos? ¿Cuáles son los temores más comunes? ¿Cuál es la solución más practica? Éstas y muchas otras preguntas son respondidas en este libro compilado en más de diez años de investigación diligente. Descubra las respuestas sobre este tema tan actual en nuestro mundo de hoy.

Llamas que Atraen

Enriquezca su imaginación y refuerce su conocimiento con el mejor español del mundo al leer una novela que le hará reir, llorar y hasta en ocaciones estar en suspenso. Deleite su intelecto con un libro totalmente sano, escrito por un autor de convicciones cristianas profundas. La novela cuenta la historia de un joven librado de la muerte, Miguel, quien, aunque tuvo un encuentro con el Todopoderoso, luego se desvió por un sendero muy oscuro. Le interesará leer sobre su peor enemigo y las historias de amor que guiaron a todos los personajes.

www.ingramcontent.com/pod-product-compliance
Lightning Source LLC
Chambersburg PA
CBHW050557300426
44112CB00013B/1961